你就好好當你自己。

不完美也值得被愛的勇氣

You are
the only one
like you

璽恩 著

推薦文

致可愛的我們——可以去愛，也可以被愛

——藝人 曾沛慈

璽恩是一個充滿各種色彩的女生。

（難怪她開畫畫教室，哈哈）

髮色、穿著、拍照、畫畫、唱歌、跳舞、室內設計……

她的世界，繽紛到不行。

什麼樣態放在她身上都可以成立。

她都駕馭得了，而且無比美麗甚至卓越。

我的人生中沒什麼這種人。
一直覺得特別的人通常也蠻容易招人羨慕甚至嫉妒。
可是很奇怪，在璽恩身旁的，會是懂得「欣賞」她的人。

這很不容易你們知道嗎？
尤其是女生的世界。

我覺得有一個很大的原因，是因為她就像一顆溫暖的太陽，
身上有著奔放的光。
我們會想把太陽打下來嗎？不會。
我們需要太陽嗎？需要。

我們會覺得太陽那麼亮很奇怪嗎？怎麼可能！
我們還期許、也覺得太陽應該永遠亮下去呢。

你需要時她永遠都在，偶爾也來個人之常情會被烏雲擋住一下。
但她的光芒，無可取代。
她的溫暖，你會感謝。

她自由又負責、
她美麗且真誠、
她敏銳卻脫線、
!?
哈哈哈哈哈哈
是真的。

跟她變熟之後，我才深深體會她的反差萌箇中的奧妙和趣味。
（就在一個你覺得她真的好有智慧、好幫助人的瞬間；她可能不小心搞錯左右邊的那種。）

跟她還不熟的時候其實我不太好意思靠近她；總覺得十十百百個人要找她說話、千千萬萬件事情等她處理。
在我以前的認知裡，她是一個距離有點遙遠的模範生物（哈）。

但更深的認識她之後，會發現她實在真實得好可愛。
勇敢得好可愛。
傻得好可愛。
不計較得好可愛。
沒有距離得好可愛。

誠實面對自己得好可愛。

可愛：可以去愛。可以被愛。

我想透過這本書，你會認識如此「可愛」的璽恩。

如果你時常在尋找如太陽一般耀眼的際遇，期許自己能不斷有高光時刻；璽恩能告訴你的是，她這一路走來，和你我一樣，從來都不容易。每段故事都有不同的靈魂和主旨，所以她希望我們#你就好好做你自己。

人生的路或許不一定需要探討，但探討的方向一旦對了，我總覺得不放棄的背後都會長出突破和盼望，使你找到生命中更結實的果實。

我想這本書會是其中一顆吧。

推薦文

別再把自己藏起來

——資深廣播人／金鐘獎得主　咖啡貓AKA楊盈箴

細細咀嚼《你就好好當你自己》一書，我心中吶喊著：「唉唷，璽恩，原來我們在某些部分如此相像。」

我一直很喜歡璽恩唱的〈我把自己藏了起來〉。

這首歌的創作者陳逸豪牧師說：「人的本性就是很容易把自己藏起

來，就像亞當和夏娃吃了善惡樹的果子後，開始遮遮掩掩，不願意讓別人看到真實的自己。」他又說：「如果我們把真實的自己拿出來，但發現別人不能接納，我們就會陷入一次又一次的隱藏。」

多年前，我也遇上成長歷程中極其低潮的一段時間，亮眼的工作成績並無法安慰我在情感中的受挫，好幾次揚起微笑、在播音時與聽友噓寒問暖——

接下來為大家播放的歌，是由璽恩所演唱的〈我把自己藏了起來〉。

歌聲響起，我淚流不止，好幾次，都被璽恩的歌聲給深深地擁抱。

感覺是好久以前卻又彷彿是昨日的記憶。一次訪問「Seventh Day」的機會，與當時一頭卷髮的璽恩在錄音室裡相遇，那時我對她或作品的提問，經常只換來幾句簡單的回答，身為主持人，我們最害怕遇上這種話少的來賓，誰能想到，這個早年只作簡答題的女孩，後來竟也成了廣播節目主持人！

璽恩總是給人活力十足、光芒四射的印象，我總以為她是個無所畏懼的傻大姐。但認識一個人，總不可能只理解她某個角度。有幾次璽恩談起自己的童年、要求完美的性格……，讓我驚呼連連：「原來妳那麼不喜歡自己」、「妳也太否定自己了吧？」、「原來妳也有以淚洗面的日子……」。璽恩說她是「心中OS女王」，我想我也不遑多讓。

生命已是中年的光景，我們自然能夠明白每個人都有不同面向，然而當時在友人間私密的自我剖析，這回璽恩透過文字也和正在讀此書的你對談。我佩服璽恩如此誠實檢視自我內心的自信或自卑，然而，有黑暗的角落，光才有機會穿透進去。如果你正巧處於不認同自我的黑暗時刻，璽恩有句話對你說：

「我們都在學習相信，
不用成為一位完美的人，
也值得被愛。」

親愛的璽恩，請務必持續歌唱，而且要唱到超過八十歲！
我也要播音播到牙齒都掉了再退休。
You have nothing to lose！請「你就好好當你自己」！

作者序

我們生來如此，但你從不孤單

我的不甘寂寞和自言自語，成就了這本書，謝謝編輯讓我有機會可以把這些故事集合起來。大約從二〇一五年，開始在我的ＩＧ寫下#璽小語，它是我跨越困難或生活經驗中的小結論。一開始只是喃喃自語，後來漸漸有網友回應說：「原來璽恩也會這樣想。」讓我知道原來我覺得自己的奇怪，其實一點都不怪，我們都一樣，有著一顆敏感纖細的心。

如果有人記得我，應該都是透過音樂以歌手的身分認識我，這次透過文字跟大家分享在生命旅途中所遇到真實的掙扎，希望和我一樣的你，在覺得自己是怪胎前，知道其實有很多人跟你一樣，你並不孤單。

想給大家一個思考的空間，在大量的資訊之下，真的是人多說了算？還是應該保有最初的熱情？加上現在面對著許多未知，更應該好好堅固我們的心。在 COVID-19 疫情中發行了這本書，我哭笑不得但依舊感恩，無法面對面的我們，期待在我的社群媒體中看到你們了！

讓我們常常提醒自己可以理所當然地做獨一無二的自己，不需要害怕，因為我們生來如此。

Psalm 139:13-14

璽恩

Content 目錄

PART 3

好好溝通

PART 4

好好冒險

PART 1

好好愛自己

歌單

01

你就好好當你自己

沒有人想要孤獨，但到底是誰把我變成這樣？想愛不敢愛，想要交朋友也無法，在看起來沒什麼問題的外表下，其實渴望著真實的關係與連結。一個人客氣太久其實有點問題，我就是那個很有問題的人。

小時候，「客氣」或許代表的是禮貌，但現在對我來說是虛假。明明心裡想要吃，為什麼卻說：「不用了，沒關係。」但是又想了一下，如果對方也是因為客氣問我要不要吃，其實他打從心裡也沒有要跟我分享，而我回答說：「好啊，謝謝。」那不就把他也想吃的東西吃掉了嗎？但如果說：「沒關係，你吃就好。」那簡直就像一齣自導自演假裝為對方著想，但其實不是真的想要分享的戲碼。我無法理解這大人世界的遊戲。

但是長大後的我，終究擺脫不了這種所謂的客氣，它變成一種保護色，不讓人看穿我真正的想法。努力隱藏在背後的是害怕：害怕別人認識我、看透我而對我感到失望。好像要完美一點大家才會跟我做朋友，再完美一點就會有人愛我，再完美一點也不會跟人吵架了。

但在追求讓自己「看起來」更好的路上，我不斷摔跤，因為我追逐的只是一個假象，反而讓我掉進「其實我沒有這麼好」、「再努力也只能這樣」的沮喪與無力感中。然而我又渴望繼續追求完美，不讓消極的想法打敗我，這樣的循環不斷地重複著。

想法與行為不斷矛盾打架，一直消耗著我的心，到達一種程度，我的內心終於發出求救！

有一天，我在台上唱完歌，站在舞台旁邊時，心裡突然聽到一句話：「你就好好地當你自己。」當下的我面無表情頓時眼紅鼻酸，一下台眼淚便不自覺地不停從臉頰兩旁流下來，我覺得是我心的眼淚。這句話暖暖的，帶著理解與安慰，還有鼓勵，或許上帝聽到我內心的吶喊，把這句話送給了我，沒想到，這只是新旅程的開始。

推薦歌曲：
〈Fix you〉—— Coldplay

璽小語

“

總是想再完美一點，反而掉進「其實我沒有這麼好」、「再努力也只能這樣」的沮喪與無力感中。其實你就好好地，當你自己。

”

02

如何成為自己？

我從小就是一個追求自由的人，很討厭人家管我，一直在所謂「做自己」的路上跌跌撞撞地奮鬥著，但是越努力卻感覺越吃力，對更多的事情不滿、對別人的敵意高漲。做自己不是應該快樂而自由嗎？我卻沒有這樣的感覺，特立獨行的外表之下，內心其實很脆弱，只要有人持跟我不一樣的意見，我就變得易怒，默默跟自己說，沒關係，做自己本來就是會有很多人不了解你，沒有關係！沒想到努力想要做自己，卻掉進更孤單的漩渦。

後來我聽到這句話：「你就好好當你自己。」開始思考「當自己」與「做自己」是不同的事，字面上看就已經不同。做自己需要做一些事情來證明自己，當自己好像就是站在那個地方，呈現最原始、沒有受過傷的自己。

當我想要證明自己是對的，或者是有價值的時候，所有想法都從自己出發，就容易變成一個以自我為中心的人，而自己孤立了自己，然後也越想要證明自己，變成一個惡性循環。當我掉入這個惡性循環時，往往變得具有攻擊性，也有很多情緒，現在我學會把這些當成一個警鈴，提醒自己。

我開始學習「減法」，減掉從小到大別人在我身上貼的標籤。話語是有力量的，不管是正面或是負面的話，只要在乎它，它就會影響我們。就算是很討厭的那些話，也因著我常常提醒自己千萬不要變成那樣的人，而默想了那些不喜歡的話，讓我也不自覺地漸漸變成了最不想成為的人。最直接的方法就是丟掉它，連想都不要想。

另一個最大的敵人是自己。面對自己的情緒、人際、感情、婚姻、工作、夢想等等……很多時候會掉到無力感裡，覺得自己不夠好。這時候就要好好跟自己對話，也向自己道歉，我們都對自己太過苛求、太過嚴厲了。

現在，我已經不再時時檢視我是否「當自己」，人生的旅程本來就是不斷地學習。充當保姆帶姪女的時候，看著她手舞足蹈自在地跳舞，這不就是好好地當自己？她不是在證明自己，也不是在賺取讚美，也不是特立獨行，只是單純表達當下的心情，或許這樣，我們都可以像小孩子一樣單純地快樂。

推薦歌曲：
〈I'm Coming Out〉—— Diana Ross

璽小語

“

你沒有辦法去走別人的路，別人也走不了你的路，就安心按照自己的速度享受這獨一無二的旅程吧！

”

03

不要放棄尋找優點

我認真想過要當別人，只是不知道該怎麼做，最快的方法就是從外表開始。

我小時候在學校人緣不差，但是常常被笑屁股大。還記得以前在教室走動只要撞到桌子，同學就會說：「大屁股、大屁股。」我面無表情地裝作不在意，但之後能遮就遮，走路超級小心，穿衣風格也變得寬大，好聽一點是嘻哈，不過是想把身體的缺點全部遮掉。

為了除掉缺點開始了減肥人生。不吃午餐，只吃吃蘋果麵包加奶茶（以前真的超愛，極品搭配），天真的我以為少吃就能減肥，殊不知掉進另外一個高醣世界，吃這麼多甜食，反而胖到我最在意的下半身，瘦到不該瘦的地方，整個就是一個惡性循環！

當我有經濟能力買衣服之後，三不五時就會買歪，衣櫥裡盡是我平常不會穿的衣服。我是一個皮膚比較敏感的人，穿蕾絲就會發癢，因為那陣子在雜誌、美國影集上看到流行波希米亞，便衝動買了蕾絲長洋裝，幻想自己從少根筋、大剌剌的女生，可以突然變成浪漫溫柔派。

事實證明我錯了！換上某種風格衣服，不等於就會成為那樣的人。

想要成為別人？最大的盲點是因為不知道自己的優勢與強項，總是在別人的身上看到自己想要擁有的東西，可能是好人緣、氣質、長相、談吐，甚至可能是他的戀情、生活。當我想要成為那某個人的時候，我的心思全部都會在他身上，觀察他的外表細節或為人談吐，想像他的生活和工作，反而忽略了自己的獨特。

一個人的獨特性絕對不是從外表而來，是由心開始發出的。當我覺得自己很醜，就會莫名做一些不愛自己的事情，比如說批判自己、嫌棄自己的外表、不斷跟別人比較，通常都是拿最不喜歡的部分去比較，那一定是輸的呀！驗證了「我就是醜」這個想法是對的。

後來成為歌手，宣傳期的時候被要求一定要瘦到某種程度，為了上鏡頭拍照好看，但重點是我再怎麼瘦，都瘦不過天生骨架小的人，對我而言實在太痛苦了。

兩張作品宣傳期結束後，我徹底接受自己就是無法變成紙片人，大家喜歡白白淨淨、纖細的女生，但我就是喜歡曬太陽、不在意雀斑、帶著健康膚色到處跑的人。當我丟掉紙片人的標準後，慢慢地喜歡上這樣的自己，也開始欣賞自己，找到自己的優點。原來，當我好好對待自己的時候，旁邊的人自然而然可以感受到我的美麗。

外在的美麗，到底是誰在訂標準呢？只是因為當下流行，大家就一窩蜂地往那個方向去？現在又流行「蜜大腿」，所以我一輩子想努力瘦大腿，又突然不用減了。那我花在減肥的心血到底為了誰呢？再也不想浪費時間在別人的眼光想法上了。

現在，我以健康為優先的態度建立起運動習慣，加上我許下要唱到八十歲的願望，除了增肌減脂，也要兼顧體力才行。當我開始這樣執行，反而身體就朝著目標去改變了，我也開始用不同的眼光欣賞自己跟別人不一樣的地方！

雖然偶爾心裡還是有些小劇場，但是一直不放棄尋找自己的優點，提醒自己這一切是為了什麼，找到一個更大的目標跟意義，就比較不會迷路了。

應該說，有時候不小心迷路，也找得到路回到屬於你的地方。

推薦歌曲：〈不要放棄〉——舒米恩

璽小語

“

不要讓完美的空殼，阻擋你的心去

追逐真實的自由。

”

04

面對情緒，我也會脆弱

當感受到自己真實感覺的瞬間，其實是很脆弱的。可能會害羞，可能會憤怒，會驚恐，各種感知在瞬間被打開。因著害怕這種脆弱感，好長一段時間，我選擇逃避這種必須面對自己情緒的時刻，小聲地對自己說：沒事的話就把它藏好，小心翼翼放在內心最深處就好，時間或許可以沖淡情緒和記憶。

練習忽略負面情緒對我來說，最自然的反應就是笑。因為也不知道能做什麼了，只是本能地微笑著：想哭時笑，委屈時是笑，生氣時也只能笑。我也不是故意要笑，好幾年過去，我失去了悲傷的能力。

失去悲傷的能力，對藝術從業人員是一件非常弔詭的事情，沒有喜怒哀樂怎麼創作？沒有同理心怎麼能感同身受？

有幾次我去上表演訓練課，會用一種第三者的角度檢視自己演得如何、現在別人在做什麼、那我這樣做對嗎、是不是要多加些什麼東西。幾次的試鏡經驗也是這樣，結果呢？結果當然是爛透了，誰要看一個不在狀況內的人演戲呢？

應該要怎麼樣當一個歌手，應該要怎麼樣當一個演員，應該要怎麼寫歌，這一切的「應該」反而讓我卡住，動彈不得。但偏偏我又是一個很喜歡嘗試新事物的人，所有新鮮的事情都會讓我活起來，如果加上一點點挑戰和冒險，簡直就是對味了！我意識到我的前半段人生都在矛盾中活著，想要一切有秩序，但又想要嘗試新事物。璽恩！你到底想怎樣啊？

幾年前在紐西蘭陶波嘗試了期待已久的高空彈跳，心裡面的興奮幾乎快爆表，從工作人員在綁腳繩確定安全措施的時候，腦子裡已經在想像跳下去的刺激感，全身的細胞都忍不住要大叫了。終於輪到我，緩緩地走上平台，身旁的遮蔽物都不見了，我站在最高處準備往下躍，我的腳踩在平台的邊緣，往下看就是搞不清楚距離有多遠的湖水，而我的左手邊是斷崖，因為看得更清楚，我的手心開始冒汗，腳底有一點癢癢的。心裡還是很興奮只是多了些緊張，當教練倒數三、二、一跳，我竟然卡住了，雙腳怎麼樣都跳不出去。

我跟教練說：「給我一點點時間，我會跳下去的！」當教練再次倒數的同時，我對自己說：「沒問題的，你沒事的，只不過是跳下去，你可以的。」當我聽到「一」的時候，兩隻腳跨出去的瞬間往下墜，風景顛倒地從眼前快速飛掠，我還來不及尖叫，就被繩子反彈起來。這一次，我開始享受往下墜落的感覺，也不再害怕，反而不想這麼快結束。回程的時候心裡想，下次我要勇敢地飛奔出去，好好地尖叫。

我想這只是個開端，帶領我去突破的一個起點。當我的身體願意去面對生死交關最脆弱的時刻，那些被我深鎖已久的情緒，似乎也開始在內心深處蠢蠢欲動，等待一個爆發的機會。

有一次表演課，請導出給每人一種情緒，只能用肢體語言表達出來，我是最後一個抽籤，竟然抽到了「憤怒」。乍看兩個字的時候，其實有點陌生，慘了，我該怎麼演呢！輪到我的時候，我全心專注在「憤怒」上，並用肢體去釋放，當下好像教室的氛圍改變了，連我自己都起雞皮疙瘩，一個極大的憤怒從我的裡面，因著表演被釋放出來。

課程結束後，請導跑來問我說：「你有發生什麼事情嗎？你剛剛的憤怒非同小可。」我自己還沒釐清狀況，只是模糊地回說：「應該沒有吧！」我也不知道剛剛的我到底發生了什麼事。但他問我的那句話，讓我思考好久好久，我想應該就是在我微笑底下所產生的那些糾結，連自己都不曾聆聽自己聲音而來的怒氣，以為忽略就可以變好，殊不知沒有看到，不代表它不存在。

推薦歌曲：〈我很美麗〉——璽恩

#蟹小語

“

勇敢面對自己的情緒，哪怕會讓你感到脆弱也不要忽略或隱藏。因為封鎖情緒，也可能把感知的能力一併上鎖。

”

05

說出自己的需要

不知道是不是因為身為家中老大，很早就學會察言觀色，總是帶著好奇的心聽大人說話，耳朵時時刻刻在搜尋有興趣的話題，特別是關於別人的事，在旁邊聽得津津有味。

但關於聆聽別人的事、理解別人的心情，可以是很好的優點，但也可以變成糟糕的缺點！

察言觀色——觀察別人的言語臉色，以揣摩其心意，就是為了有禮貌，不要成為一位莽撞的人。這個理念被我我全盤接收，並且往另一個極端發展。

家人哪有不吵架的，有時候爸媽爭吵完，我會覺得讓他們心情好是我的責任，或許因為不喜歡凝重的氛圍，自認為可以改變家裡的氣氛。慢慢地，我會下意識忽略自己的難過或沮喪，以別人的心情為首要，如果可以看見他們笑更好。久了之後，我也忘了自己的需要，總是優先去照顧別人的感受。

小時候當媽媽難過時，我的第一個念頭就是：是不是因為我不乖所以媽媽生氣，就要特別乖巧或安靜，討媽媽開心。但或許不是我的問題，單純只是媽媽心情欠佳。

小學時，有一位死黨在開學第一天突然完全不理我，去她班上也不見我，我在走廊等了很久，宛如這個好朋友一天之內蒸發消失，好像沒有這個人一樣。我有好長一段時間不斷自責，反反覆覆地想，是我做了什麼事情，或說錯什麼話讓她生氣嗎？到如今還是個謎。

在跟前男友交往時，我總是在道歉的那一方，為了不要有衝突、不要吵架、不要心情不好，我都可以道歉，如果真的不能解決，那就用沉默的方式面對。這樣的敏感，說好聽一點是敏銳，已經是內建模式，一個不平等對待自己的模式。

有一天半夜看完電視準備去睡覺，再滑一下片單，我看到茱莉亞·羅勃茲（Julia Roberts）演的一部片，因為很喜歡她，在內心天人交戰要不要犧牲睡眠看影片時，已經按下了播放鍵。

《奇蹟男孩》（*Wonder*）這部片描述家裡有一位罹患「下頷骨顏面發育不全症」（TCS）的男孩，在多次手術後終於可以上學，爸爸、媽媽與姊姊在這過程中如何陪伴他在學校遇到霸凌的事件，也描述了在家庭與人際關係中會遇到的掙扎。這是一部溫馨勵志片，看完後也有很多反思，但我卻在一個奇怪的地方崩潰大哭。

姐姐在劇裡常常有很多時候想要跟媽媽分享心情，卻因為媽媽幾乎忙著處理弟弟的事情，好幾次看到媽媽心情不好，為了不想讓媽媽有更多煩惱，於是把嘴邊想分享的話吞了下去。久了之後，她覺得媽媽好像比較在乎弟弟，沒有時間留給她，慢慢地也不太會主動分享心情，跟家人的關係也越來越疏遠。有一幕，媽媽在回想小時候全家人幫姐姐慶祝生日，突然間我的心揪了一下，眼眶秒紅，電視裡傳來開心的《生日快樂》歌聲，而我坐在沙發前崩潰大哭。

我幾乎快要忘記小時候被慶祝生日的感覺，被專注地在乎，只屬於我的時刻，而不用我去在乎周圍發生什麼事情。看到影片中姐姐的笑容，更是難過，因為我的記憶都是在觀察別人的眼神、在乎別人的感受，我被好深的失落感和孤獨籠罩，鼻子塞住邊哭邊抱怨，為什麼總是我要接住別人情緒，那有誰來接我的情緒？總是我看到別人的需要，那有誰看到我的需要？都是我在陪伴別人，那誰來陪我？我覺得大家都好自私，有需要的時候才來找我。半個小時，我自言自語像瘋子般地崩潰大哭。哭完後冷靜下來發呆，發現自己也錯了一半。

是我自己沒有分享我的需要，那別人怎麼會知道呢？不過當我自己都不知道我需要什麼的時候，要怎麼跟別人分享呢？忙著照顧別人，我都忘記照顧自己了。

壓抑久了，我也覺得自己的需要不重要，很多時候告訴自己「沒關係、勇敢一點」，卻不知道心裡真正的害怕是「不要講太多自己的需要，不然別人會覺得很麻煩」。這些錯誤的自我對話，把我自己關在牢籠裡面。

那天大哭完後，隔天我頂著腫成像青蛙般的眼睛在大安森林公園發呆。腫成這樣也不好意思見人，解釋半天也很累。那天我花時間跟自己在一起，沒有特別做什麼事，就是安靜。

想要改變總是需要一些行動。我開始花時間跟自己獨處，學習用文字記錄心情，好的也寫、壞的也寫，先當自己的好友，因為我都對朋友比較好（笑）。我也練習照顧自己，不亂把別人的責任往自己的身上攬；不需要去取悅別人，先讓自己開心與安心。

喜歡這部片裡面的一句話，讓我來換句話說：

「善待他人與自己，因為我們都在這世界上努力地活著。」

推薦歌曲：

〈You Gotta be〉—— Des'ree

璽小語

“

重視自己不是自私，而是先照顧好自己，才能好好照顧別人。

”

06

面對可能不完美的恐懼

高空彈跳事件過後，我做了一個決定：我要改變！改變不是只是說說，而是要行動。也就是說，我的所有反應，不能再照著原來的思考路徑進行，要有創意地（或是厚臉皮地）另闢蹊徑。

從小喜歡寫歌創作，但發現長越大越不容易完成，因為一直想寫出完美的作品，明明知道沒有這種東西，但卻被這個想法牽制著。所以每次當我寫完一小段，一開始都覺得不錯，但隔天起來再唱一次，就覺得這個作品實在是爛透了，這麼難聽別人怎麼會買單！想說明明才睡一覺起床，這差別也太大了。於是把紙揉一揉丟進垃圾桶。這樣的循環持續好幾年，不過再這樣下去，我一輩子都完成不了一首歌。要改變就要有所行動，不是嗎？我開始厚著臉皮把歌完成，很用力地把自己耳朵先關起來，找朋友來試聽，那種感覺就像在人面前沒穿衣服一樣，害羞得不得了！通常在對方還沒有給任何回饋之前，心裡已經把自己批評一頓了。但我說了要改變，就得要承受這不舒服的過程。

之後因為我的樂團——約書亞樂團開始製作全創作專輯，有機會跟團員們一起寫歌，一開始對我而言也是充滿壓力。第一次分組大概三、四個人，沒有人願意先拋出想法，安靜到死寂，因為大家都很怕被取笑、被打槍。幸好團員們都熟識許久擁有深厚的友誼，我漸漸知道有些回饋不是針對個人，有時候笑一笑就過去了，讓這樣一起創作的時刻更有安全感。

因著這些嘗試，近年三張專輯中收入很多我的作品，但這些都是一起創作，而我自己的呢？回到自己的小房間，繼續寫歌，雖然只有幾首發表的作品，也有很多限制等著去突破，但是我知道自己跨越了害怕，去面對創作是不完美的恐懼。

創作，本來就不可能完美，雖然腦子就是過不去，不過心這一關過了，很多東西也就會慢慢解鎖了。

我主持電台有一次的受訪嘉賓是安德森，我們有幾位共同朋友，感覺格外地熟悉，結束訪問後，我私下跟他提到：「如果以後有開表演課再找我。」沒想到有一天我收到他的私訊，說最近剛好有開課想邀請我去玩，期待已久的我當然馬上答應。

上課時間快到，我反而緊張起來，有一種近鄉情怯的感覺，本來想隨便找個藉口推辭，當下我知道是自己的害怕作祟，是以前不好的表演練習經驗跑回來恐嚇我。我趕緊對自己說：「不是要改變嗎？現在應該要有的行動，就是面對自己害怕的事情，因爲 I have nothing to lose！不要轉身逃跑！」

某天早上我去跑步的時候，心裡突然有一個聲音對我說：「璽恩你很勇敢，你光站在那裡沒有轉身逃跑，這就是一件勇敢的事情。」沒錯！

光是站在那個地方，沒有選擇離開，就已經很勇敢了。因著這句話，我抱著輕鬆的心情前往表演訓練課。

課堂進行中，老師下了幾個指令，要我們揣摩後用身體把它執行出來，過程中，有幾次我又開始用第三者的眼光檢視自己，笑自己到底在幹嘛？但是這一次，我很努力地跟自己站在一起，非常刻意地關閉大腦的聲音，把「應該」怎麼樣的想法丟掉，把比較的想法丟掉，純粹地專注在當下。才發現，原來我可以如此細微感受到自己的心情、想法、情緒。我可以與它共處，也聆聽它。很不容易，但是我做到了。

推薦歌曲：〈Brave enough〉——璽恩

璽小語

“

不要讓完美主義阻擋你，把「應該」

拿掉，去嘗試想完成的事情。

”

07

走自己的路

下班時間，天還沒有全暗，忠孝東路二段的騎樓滿滿的人，有人趕著下班回家，有人悠閒地逛街，因為人實在太多，所有人都只能按同一個速度緩緩向前走。台灣人也真的滿守規矩的，人多的時候自然就靠右，騎樓下兩條不同方向的人潮自動分流。我走在內側，左手邊都是跟我逆向的人流，突然間遠遠看到一個人，有點面熟，心裡想說不是吧？正思考的時候，他已經離我越來越近……

他很好認，一百八十幾公分的身高，遠遠就看到人群裡有一個人頭特別突出，我有點緊張邊自問自答「他是不是也看到我？」、「他一定看到我，我在正前方往他的方向走耶！」、「等下快靠近時，我要不要主動打招呼？」、「他會不會忘記我是誰了？」、「如果他主動打招呼，我要說什麼？」

能夠讓我腦子裡出現如此多莫名其妙對話的人，就是「前男友」。

跟著人群的速度，我的心跳越來越快，是一種怕尷尬的緊張。眼看我們兩個人已經快要到幾乎可以對話的距離，腦子還在轉，試圖控制自己的表情，就在下一秒，他眼睛連看都沒看地快速與我擦身而過，這個最萌身高差，成為看不見彼此最好的理由。

當他經過我的時候，我的呼吸頓時變慢，倒吸一口氣，錯身的畫面瞬間變成慢動作影格，我的身體繼續往前，但思緒已經暫時停止，又開始自問自答「他怎麼可能沒看到我？」、「一聲招呼都沒打是什麼意思？」、「算了，沒講話也好，省得麻煩！」、「哇咧，這是目中無人嗎？」

這短短幾步路是我覺得世上最漫長的路，早知道一開始就選擇忽略或躲到別的地方。從忠孝東路繼續走回家的路上，人群逆向而走的畫面不斷在我腦子裡播放著，終究，他只是生命中的過客，我也是從他生命中逆行而走的人，而我們都沒有選擇為對方轉身或停下腳步。

沒有抱怨也沒有後悔，因為喜歡過所以才感觸這麼深，兩個人方向不同的時候，終究也只能放手。其實每天在我生活中逆行的人不計其數，想法跟我不一樣、走的方向跟我不一樣、意見跟我不一樣，我也要做個選擇，到底要轉身順著他走，或是依然照自己的速度往前走，就算有很多人經過或錯過，有點孤獨，也沒關係？

只是因為我有我想去的地方。

我過馬路的時候，總是喜歡走第一個，帶著一點速度，而且直直地走。好玩的是，馬路對面另一群人逆向帶著速度向我走過來時，當他們看到我的時候，就會自然避開，好像我是分隔島似的。或許因為我很堅定地走，堅持著某種速度，身邊的人好像就在我面前散開了，這種感覺在日本澀谷過馬路的時候最為明顯。每當我穿越人群過馬路後，心中總有一種莫名的成就感。

這好像提醒著我，只要我有個目標、不卻步，不管身邊的人走往什麼樣的方向，都無法使我走回頭路。同時，我也不需要跟別人一樣，因為每個人的目的地本來就不同，而我有自己的路要走。

推薦歌曲：
〈Rise Up〉——Andra Day

璽小語

“

有時候必須選擇自己的路，否則只會被人潮帶走。當你堅定地往前走後，前面自然會為你開出一條道路。

”

08

不完美，你還愛我嗎？

我很喜歡跟朋友相處，但其實久了也會累。長久以來，我都沒有意識到這個問題，直到後來有一段時間我把自己封閉起來，不想跟陌生人接觸，甚至連朋友也不太主動聯繫，這對我的個性來說很不尋常。

因為太容易接收到別人的情緒，觀察到身邊人的需要，看到別人需要幫忙的時候，更不可能沒事地經過。並不是大家要求我這麼做，可能是老大心態，也可能是自己雞婆，常常把別人的事當作自己的事，久了當然會累！而且成為這樣的角色之後，來找我的人通常都是想要找我幫忙的人，因為他知道我願意幫忙，也可以解決他們的問題，給他們意見，一陣子過後，我開始厭惡這樣的關係，有問題的時候才找我，沒事之後人就不見了。沒錯，我覺得我被利用了！

從小我就想，如果要結婚，嫁給任何職業都可以，就是不要嫁給牧師，實在太辛苦了！不只牧師本人賣給教會，可能連全家都一起賣了。當然我指的不是真的「賣了」，而是生活中的優先次序變成忙著照顧別人的需要，家人反而往往被排在最後，我真的很討厭這種感覺。我想不是只有神職人員，在公司的主管、學校的老師、計程車司機都有可能把工作和家庭的優先次序搞錯。但是往往事與願違，我的未婚夫在婚禮當天順便按牧，白話一點就是同一天正式成為牧師。我真的是哭笑不得，但嫁都嫁了，當然還是支持他的決定與工作。不過他很貼心地在婚前跟我說：「你就做你喜歡的事情，你不需要當師母。」我真的鬆了很大一口氣，不然應該會無限期延期婚禮吧。

雖然我們有共識，但是身邊的人仍會有「師母」或是「老公是牧師所以你要……」的期待。雖然我看起來很叛逆，但依照我善於洞悉人的期待，不願讓人失望又同理心氾濫的狀態，我變成默默地燃燒著自己的生命為他人而活，做著不是自己想做的事情，而是別人認為應該成為的那種人。

小美（化名）是我在十年前在圈內認識的朋友，一開始她對我很熱情，說我唱歌很好聽，人也很好相處，當然也因為談得來我們越來越親近，過了一段時間，她常常會跟我傾訴她的煩惱和困擾，在電話中哭著跟我說她的經歷與心情。同時我也想流淚，因為她打電話來的時間都是半夜一、兩點，看到來電時我無法不接。周先生（我老公）有時會睜大著眼睛、皺著眉毛，用眼神問我是哪個這麼沒眼界的人半夜打來？我也只能擠眉弄眼地回他：「她就是心情不好才會這時間找我啊。」沒想到這種半夜的訴苦電話三不五時就打來，基本上聊天的內容都是大同小異，久了之後我心裡想：「她只是想找人說話吧！不過可以不要半夜嗎？」但是拒絕她的話我講不出來，每次吵到周先生我也很不好意思，他因為我不會適度地拒絕人有些不開心。

有一次他跟我說：「你知道她這樣常常打電話給你，會影響我們夫妻關係耶！」我回他說：「還好吧，你去睡啦！」其實當我這樣回他時，我們的關係確實已經受影響了。我的生活次序變得亂七八糟，我成為了自己最不想成為的人。

小美的工作常常要離開台灣，所以有一陣子比較沒聯絡，幾個月後，我跟我與小美的共同朋友聊天時，朋友問說：「你跟小美怎麼了嗎？」「沒呀！什麼怎麼了？她不是在大陸工作嗎？看她什麼時候回來再約啊！」「那是有發生什麼事嗎？她怎麼說你跟她接近是因為你想紅。」「……蛤？」我的腦子空白了兩分鐘，驚訝到不知道該如何反應，眼球轉啊轉，試圖想出一個合理的答案，但是我想不到。

從驚訝變成憤怒，但是我表達不出來，想罵也罵不出來，「老娘如果想紅也不會找你，如果我想紅，就不會半夜聽你哭天了。」當下超想衝出這句話，但我沒種說出口。

回家後，那句話的後座力仍然存在，我委屈地跟周先生說了來龍去脈，他很冷靜地回我：「我就叫你要劃界線啊！」這句話在當下特別刺耳，我沒有要你說教，只要安慰我就好，但他是對的。

因為怕朋友對我失望而不敢拒絕，不會 Say No。因為我把朋友看得比自己重要，選擇忽略了自己的內心話，其實好多時候我想說：「我很累想睡覺，可以明天說嗎？」、「我不愛吃生的耶，可以去吃熟食嗎？」、「你要不要找別人陪你去呀？這個我沒興趣」、「今天我有點忙，現在不能聊，改天再說囉！」

我一直強迫自己做不想做的事，難怪常常覺得自己很委屈，這樣的友情也無法長久。後來我才明白，當自己內心不夠強大時，也沒有辦法照顧身邊有需要的人。就像飛機上的緊急逃生宣導影片，得先戴好自己的呼吸器，再去幫小孩或同行有需要的人戴上。如果我總是在逞英雄，如果我燃燒殆盡，要怎麼愛我愛的人呢？於是我開始卸下所有身分，當我誰都不是，不需要滿足任何人，只是好好地跟自己相處，做自己喜歡的事，我心中的傷口就慢慢自癒了。

最近跟幾個朋友聊到這件埋在心裡好久的事，會再次提起，是因為想要跟我喜歡的人好好當朋友，在關係中沒有害怕的朋友，希望踏出信任的那一步。當我分享了我的故事，非常感謝他們給我的回應是：在友情中我不需要逞強，只要沒有包袱地當我自己就可以了。

推薦歌曲：〈I Got You〉—— The O'Jays

璽小語

"

我們都在學習相信，不用成為一位完美的朋友，也值得被愛。

"

09

渺小卻偉大的星星

每次回桃園復興區的高坡老家山上，最喜歡做的一件事情就是走進竹林中抬頭仰望星星，特別是夏天，聽見竹葉被風吹得窸窸窣窣作響，少了光害，星星的光芒特別顯眼。如果遇到滿月，還能看見月光下稀薄的影子。小時候跟大人晚上走在竹林裡，因為怕黑，也深怕竹林突然衝出什麼東西，總把大人的衣角抓得特別緊，他們邊笑邊安慰著我說：「以前爺爺奶奶他們去部落拜訪時，晚上就是靠著月光走回家。當時沒有路燈，也沒有產業道路，在山裡面，有月亮跟星星就夠了。」

不知道為什麼，這一段話從此就深放在我心裡，讓我在暗處時多了一分勇敢。

暗處不是只有夜晚的道路，許多生命當中也有不少暗處，對我來說，這個暗處就是自我否定——一不小心就窩在自己的小世界往外看，我是小人國裡的人，身旁圍繞的都是巨人。別人都還沒評判我，自己就先把自己批評得一文不值。

「誰要去聽你的演唱會啊？好聽嗎？」
「你寫的這些故事有誰要看？」
「書有人會買嗎？不要害出版社虧錢！」
「你要辦畫展？又不是專業畫家，不怕人笑嗎？」

我毫無隱藏地把這些思緒寫下來，好像每天都在試著解開兩條纏在一起的項鍊，有時候累了就先放著，心血來潮時，鑷子、放大鏡什麼使得上的工具都來幫忙，就是要把這兩個糾纏許久的結打開，因為我相信不是只有我一個人這樣。

唱歌把我帶到世界各地，也因此認識許多在國外很有影響力的歌手，美國、以色列、韓國、南非、巴西、多米尼加共和國、德國、北韓、法國、英國等等，我從來沒有想過會跟這些國際性的音樂人合作，他們的社群媒體有些都破百萬，在比較心態下，我馬上變小蛇蜇（蟑螂）。記得有一次同台試音，每個人開口都跟唱片裡的一樣，音準、音質沒話說，又有專業態度，我心裡跳出的第一句話：「我是誰呀，竟然站在這裡？」換我試音時，緊張到口乾舌燥，還好有穩下來，沒丟臉。但是在比較心態之下，我和大家的相處很不自然，幾天合作下來，有一天大家都在後台化妝，其中一位我很喜歡的歌手露西（化名）轉過來跟我說：「璽恩，我們好喜歡有你在後台喔！感覺很有活力，氣氛都不一樣耶！我們好喜歡。」我謝謝他的讚美，突然覺得自己很有存在感，甚至頓時人生都有了存在的意義（我知道很誇張，但是當下都要飛起來了）。

我回旅館還沉浸在這美好的讚美時，看清楚一件事：不管露西有沒有跟我說話，其實她對我的想法是正面的，但是我卻因為自我否定，而

把自己放在一個不敢真實展現自己的窘境裡。但因為對方的開口讚美，讓我從這個一刻也不想再待的自我設限的牢籠裡奪框而出。

「你以為你是誰？」這句話是自我否定的根源，在我認清它之前它可能是個事實，但是當我察覺到我的不安與懷疑時，它就成為了謊言，為了擺脫它，我還在努力中。雖然在千萬人中我是渺小的，但我這個個體卻是偉大的。

或許我們都小看了自己，低估了自己的價值！如果我們都是星星，就算是最微小的那顆星，它依舊在閃耀。身邊的人因為有我，照亮了他某部分的生命，而我因為有你，也讓我的生命閃耀了起來。

推薦歌曲：〈Who You Are〉——Jessie J

璽小語

“

在千萬人中，一定有人看見了你，也一定有人被你照亮。

”

10

找到我

剛出社會總是隨波逐流，仗著自己年輕總是事不關己，天塌下來總是有人幫我擋，現在卻體會只有自己能為自己的生命負責。

我的自我對話當中常常都是以最糟的狀況在反應，也常常很雞婆地幫對方想到還沒發生的壞事，結果就是自己嚇自己，錯失很多機會。

這個改變的旅程是因為真的受夠了總是如此負面，一直在妥協，想要丟掉這個無力感。而且必須要承認我真的糟透了，想像這樣下去別說追逐夢想，連想要快樂正面的生活著都是奢侈。「逃避雖可恥但有用」，後面少了一句話，「只不過問題不會變，我得一直逃」。換了公司、換了男友，但總是因為大同小異的問題吵架分手、換工作。問題不是環境、不是對方，而是自己。

這五年中不斷練習認真看待自己的感受，恢復的過程必須從內在開始，不要告訴自己沒關係，有關係就勇敢承認，練習臉皮厚一點。開始一個人去做喜歡的事，當我在公園野餐看書放空時，思緒能更清晰地專注在當下。練習安靜，一定要在一週中排出一天來休息，告訴自己成就感不是來自於滿滿的行事曆。

每當在小細節中做不同的練習時，我都會開始肯定自己，對自己說：「Good Job！謝謝你做這個決定，你很棒！」並且享受這個成就感。如果沒做好，我也會開始用跟以往不同的反應來對自己說話：「沒關係，至少你試了！」、「至少你這次有想到已經很不錯了！」好好地對待自己，體恤地接受自己的不完美。

什麼人最難相處？

不喜歡自己的人。

因為他們不喜歡自己所以無法真實地喜歡別人，當然也無法相信身邊的朋友是打從心裡喜歡自己。在尋找自己的過程中，陪伴我已久的孤單感與無力感也自行慢慢褪去，不需要掙脫，而是一點一滴地消逝。我本來就跟大家不一樣，地球上的每個人都不一樣，當我能夠好好活出屬於自己的樣子，身邊的朋友也會因為我的自由，讓他們也經歷到自在，找到他們自己。

人類世界就是個互聯網，沒有人注定孤獨，我們都需要彼此，一個家庭裡只要一個人的習慣或個性改變，就會影響全家的作息與氛圍，這就是我們可以散發出的力量。

已經做好這一輩子都會在找自己路上不斷前進的打算，每個早晨都是新的，當我的內心不再選擇退後，我就不再是個自己人生的旁觀者，個性與特質也就慢慢展現出來，現在發現，原來自己也很可愛。

推薦歌曲：
〈我終於〉——約書亞樂團 feat. 璽恩

#璽小語

“

找到自己從認識自己開始，進而好好地當自己。

”

PART

2

好好去愛

歌單

01

練習享受快樂

生活中如果沒有期待還剩下什麼呢？

與別人相處時，我盡量不抱太多的期待，因為沒有期待就不會失望，這個定律默默放在我心裡，我害怕期待越高，也會摔得越痛，因為怕痛就乾脆一開始不要想得這麼美好，以免之後沒有辦法承受。

因此我對驚喜也沒有任何期待，當真正發生超乎預期的戲劇性驚喜時，就算內心有一點澎湃，外表也完全看不出來。有一次在公司定裝，我從外面緩緩走進房間時，突然聽到「Suprise!」一聲，大家精心準備驚喜為我慶生。我真的超級開心，只是興奮雀躍的心情和表情好像脫鉤一樣，完全表現不出來。

同事看到我的表情，問我說：「你有開心嗎？」、「當然啊！」他說：「因為看起來怪怪的，所以跟你確認一下」。聽到他的話，我頓時覺得好抱歉，這些愛我的人為我預備驚喜，卻完全感受不到我的開心，只因為我不知道如何表達，我的反應也頓時變得客套。

快樂對我來說好像存錢，好不容易存到一筆錢，終於可以買想要的東西，但是掏出錢之前又立即猶豫起來。「快樂要省著點用」讓我認為好事不會發生在我身上。

當我越來越認識自己，才發現我不太表達自己想要的東西。失望的恐懼大於想要的期待而讓我不敢說真心話，當我意識到這點，我開始練習表達。通常生日前朋友都會約吃飯或問想要什麼禮物嗎？我往常的一貫回答都是：「不用啦，沒關係。」現在開始練習說：「好啊！我想吃什麼。」當我開始表達心裡的渴望時，慢慢發現可以真實感受到身邊朋友給我的愛。

其實愛我的人一直都在，原來單純的快樂就是相信自己值得被愛，值得身邊的人花時間在我身上。

推薦歌曲：〈飛〉——林宥嘉

璽小語

“

看見自己的價值，會發現快樂其實

沒有那麼難。

”

02

練習被人所愛

從我有記憶以來，幾乎沒有慶生過，因為不想造成別人的麻煩，或許這個想法很誇張，我跟親密的朋友分享時，他們當然罵我神經病，怎麼會麻煩？但是在我心裡或是淺意識裡，我認為自己真是個麻煩。

我很喜歡跟朋友吃飯，通常也很喜歡請對方吃飯，在能力範圍之內，我希望可以透過給予祝福朋友。但是如果對調過來，換對方要請我吃飯，我會寧願各付各的，因為不想欠別人人情。弔詭的是，當我請朋友吃飯，就是單純喜歡他，絕對沒有要對方欠我的感覺，怎麼角色互換後，我就對朋友感到虧欠呢？

原來，我真的覺得自己不重要！

當我不知道自己的重要與珍貴，就會開始從外面或外在尋找自己的價值。如果男友夠愛我，就覺得我有價值，但只要一分手馬上就變成一文不值。在公司被主管讚賞，自我形象就好了起來。今天在學校沒有朋友主動跟我打招呼，開始檢視自己是不是哪裡做錯，覺得自己沒有存在感。

我的存在變成了一顆行星，總是圍繞著其他恆星而轉，為不同事物而忙碌操心著，難怪經常覺得好忙，卻不知道在忙些什麼？因為時間都分給了別人而沒有留給自己。

在去年的四月十三日，也就是我生日的前一週，我決定要為自己做一件事。我在ＩＧ上昭告再過一週就是我的生日，這週只要有人跟我一起慶生，我就放到網上跟大家分享。沒錯！很高調！我開始練習接受別人給我的祝福，不只是接受，還要相信他們沒有要我還，這不是欠人交情的交換遊戲。我學習相信他們想要跟我一起慶祝我重視的日子，也學習不害怕敞開自己，雖然有受傷的可能，但這是我可以為自己做的一件勇敢的事情。

在高調的慶生週，每一次跟朋友在一起，我看著他們的眼睛，盯著他們的笑容，都可以感受到他們對我的愛，是一種踏實感，是一種幸福感，是一種被信任的肯定感。我想，身邊的人從來都沒有不愛我，是我把自己放到孤島上了。

人生到底有幾個孤島啊？怎麼動不動就把自己流放到那裡去了呢？難道不孤單嗎？

要從自己的孤島離開真的不容易，可能伴隨著淚水與驚恐，但是同時也要相信自己沒那麼脆弱，就讓身邊的朋友和天使來治癒我們的孤僻病吧！

推薦歌曲：〈I'll Love You Forever〉——璽恩

#璽小語

“

知道自己的重要，也開始感受別人看你多麼重要。

”

03

練習接受讚美

「妳唱歌很好聽耶！」

「妳今天穿得很漂亮。」

聽到這樣的稱讚，我第一個反應都是「沒有啦！」臉上帶著尷尬的笑容，不知道怎麼回應別人的讚美。這種尷尬過後，偷偷問自己的感覺，其實是很開心的，那為什麼當下還說「沒有」，把別人的讚美推走呢？

記得小時候看到阿嬤的照片，她穿得很漂亮，我用台語跟阿嬤說：「妳足婧。」（妳很漂亮）她就回我：「哪有？是因為年輕啦。」讚美阿公很帥氣，他說：「哪有，隨便穿穿。」我發現一件事，好像我們一定要有原因才能被讚美。

其實我們在生活中都很努力，卻又不好意思接受讚美，說穿了誰不想被稱讚？誰不想被看見？為什麼努力工作得到肯定卻要假裝沒什麼？精心打扮出門被讚賞卻把它當作巧合？這其實沒什麼不對，我們都想被肯定與認同。我發現我不敢接受是因為，如果發現其實我沒有他們想像得這麼好呢？在害怕接受讚美的背後是怕別人對自己失望，至少我是這樣！

另外我也回想，當我讚美別人的時候，是因為這個人做的事情，還是因為這個人本身？客觀地說，常常是因為事件而跟人連在一起，但反過來說，他所做的事情就代表他的價值或全部嗎？不是的吧！但是我常常把我做的事，等於我自己的價值，所以沒有辦法好好接受別人的讚美，怕事情一旦搞砸就會讓對方失望。

好一段時間，我練習了解我的價值不是來自我做的事，朋友愛我不是因為我歌唱得多好、得到多少讚數、今天穿得多美。

我們都力求表現，容易把讚美當飯吃，沒有讚美好像就否定了自己，賺取人的讚美成為自己工作的動力，如果沒有聽見正面回饋就變得很沮喪。練習接受別人的讚美之前，重要的是你要先學會讚美自己。

當努力的動機不是為了證明自己，就算聽到讚美也依然保持謙虛；對於別人給的指教或意見，也會知道並不是批評或人身攻擊，只是就事論事而已。當我們能好好接受讚美時，才能看見別人的優點，真心地讚美人。

推薦歌曲：〈人生海海〉——五月天

\# 璽小語

“

接受別人的讚美之前，重要的是你得先學會讚美自己。

”

04

給予就得到祝福

給予從來就不是只有金錢，我所擁有的東西，我的才能、我的時間、我的陪伴等等都可以成為一種給予，甚至超過金錢能給的。

因為疫情的關係哪裡都去不了，出國也變成一件奢侈的事情。但卻也開了另外一扇窗戶，在台灣發掘更美的地方。

一位攝影師朋友 Jay 邀請我到部落的國小跟一群泰雅的小朋友分享我的音樂還有故事，我當然義不容辭地答應了！行前有點緊張，要跟他們分享我人生第一首創作的母語歌，我的母語並不流利，還要教他們唱母語歌，很怕不能勝任。

但到現場看到他們的時候，他們的笑容跟他們靦腆的熱情馬上融化我。我會什麼跟厲不厲害根本不重要，我只想要跟他們度過好玩的時間，跟他們分享我在追逐夢想的這條路上的故事。那天我的時間不多，很簡短地分享了我失去聲音又找回聲音的故事，他們看著我，跟著我的感受一起經歷情緒的起伏。其實我原本預期這一群國小一年級到六年級的學生，他們專注力可能不夠，可能聽不太懂，但是沒想到當我講完我的故事，請他們重複的時候，他們好大聲地複誦了我跟他們分享的重點。第一，每個人都有一個珍貴的「禮物」。第二，要常常「練習」。第三，不要抱怨要「感恩」。最後一個「不要放棄」。當他們幾乎用喊的方式回答我的同時，我自己也被鼓勵了，雖然當下沒有遇到大風大浪，但再次提醒自己也要堅持下去。我看著他們的眼睛，好希望他們一輩子都可以記得今天所分享的不要放棄，期待看見他們的夢想實現。

這次參與的「遠鄉閃閃」公益活動，是個校園攝影深耕計畫。我相信美感是從小培養的，創意就是用不同的眼光看世界，從中學習獨立思考。所以我決定用藝術方式、帶著好奇心跟同學們玩。在教完歌唱課之後，我問孩子們覺得這首歌是什麼的顏色？接著邀請他們把對這首歌的感覺，用拍攝的方式表示出來。

其中有一位老師發出指令說：「等一下出去只能拍三張照片，所以要好好思考你要拍什麼喔！」馬上讓我聯想到，其實在生活中，我也必須時常問自己這個問題。如果我只有三個小時，那我應該做什麼事情？如果我只能做三件事情，我的優先次序是什麼？我真正想要的事是什麼？我要怎麼選擇？

「專注並且知道自己想要的！」老師說。正是我最需要的一句話。

有一位同學來跟我分享他拍的照片，很有邏輯地把這三張照片的故事說了一遍，我覺得非常有創意，故事也成立。如果用大人世界的標準，當然還有很多可以進步的空間，但我非常喜歡的是，他知道他想要的是什麼，他沒有因為想得到老師的讚美而拍老師想要的東西，他也沒有隨便交差了事，他交出他喜歡而且有他想要說的故事的照片。

當我在聽他說故事的時候，我也跟著他一起開心，因為我覺得他好棒！他看到了我看不到的世界而且跟我分享，這不就是我們每個人應該做的事嗎？

我們都是不一樣的個體存在著，每個人看世界的眼光都不一樣，我們的責任就是分享這世界不同的美。

推薦歌曲：〈I Believe I Can Fly〉—— R. Kelly

Photo by Kai、賴力瑜

璽小語

“

不需要勉強自己去看見跟別人一樣的東西，也不需要強迫別人看見我看到的東西。

”

05

練習單純地感謝

從小就喜歡小黑人，羨慕他們的天分，不管唱歌、跳舞、節奏感等。曾經想要變成小黑人，把自己的頭髮燙得卷卷的，但身為原住民，某程度也感受到上天給我們同樣的天賦。

以前在看電視介紹非洲的時候，我心裡就想，長大後有機會一定要去看看這個地方。也記得小時候如果沒有把飯吃完，阿公、阿嬤就會說：「你不要浪費食物，非洲的小孩都很可憐沒有東西吃，你看你這麼幸福，趕快把東西吃完！」這番話更引起我的好奇。

終於在二〇一九年有機會可以到非洲貢獻自己的力量，這次是跟「舊鞋救命 Step30」一起去肯亞（Kenya）。飛到肯亞首都奈洛比（Nairobi）需要十三個半小時，不加上轉機，下飛機後還要再坐大約八小時的車子到靠近烏干達邊界的一個城市基塔萊（Kitale）。

當我在坐著車在顛簸的泥巴路上搖搖晃晃時，已經笑不出來了，我不是嬌生慣養，的確是很辛苦。車上也沒有冷氣，必須要開窗戶，只要旁邊車子經過，車內也是塵土飛揚。

踏上非洲的第一天我就已經被震撼教育，立馬為我們有乾淨的空氣，隨時可以大口吸氣而感恩。我每天洗口罩的水都是黃的，但對當地人已經習以為常，一點都不困擾，因為他們在生活中面對著更大的挑戰：會不會餓死？有沒有水喝？有沒有辦法上學？如何保護自己不被強暴？直接面臨生存的問題，跟我們平常煩惱的事情簡直天差地遠。還在想人際關係上的問題、感情上的挫敗、工作上的挫折、在意別人的閑言閑語？當我在村莊看到四、五歲小孩正準備拿著水桶赤腳走一、兩公里的路去打水，因飢餓而嘴巴咀嚼著樹枝時，這些困擾我的問題已經變得微不足道。

不是說我們現在的煩惱不重要，但是發現換個場景思考，原本巨人般的擔心與煩惱頓時如螞蟻消失無形。到底是誰放大這些問題？是誰讓我被這些微小的煩惱耍得團團轉而失去了該有的專注力？

我的頭腦異常清晰，好像看懂了一些事情。不僅為著我在台灣擁有的一切而感謝，同時也意識到，很多東西我們信手拈來覺得理所當然，卻忘記我們現在所擁有的，也是父母親辛苦爭取、累積來的。所以我們不需要擔心會不會餓死，反而變成憂慮與比較：「為什麼我不能擁有？好像他擁有的比較好？」

這村莊的人，一輩子幾乎沒有離開過這裡，他們沒有車子，唯一的交通工具就是雙腳，要上學必須走四、五公里的路，但許多小朋友根本沒有去上學，因為他們更需要走路去打水。

即使生活非常辛苦，他們臉上卻常常掛著笑容，可以因為一件小事打從心底開心。他們看我的眼光也很單純，不知道我的生活怎麼樣，唯一跟他們不一樣的是我們的膚色還有順直亮滑頭髮，小朋友圍繞著我不斷地摸我，用好奇滾滾的眼睛盯著我笑，我發現他們快樂，是因為他們不會比較，沒有比較就不會覺得匱乏。

所以到頭來跟環境一點關係都沒有，「比較」讓我覺得自己「應該、必須得到」，但這世界並沒有欠我什麼。突然間，我的心情變得很輕鬆，把那個小村莊裡的快樂，也裝進心裡帶一點回家，希望永遠記得這些畫面。

推薦歌曲：
〈Wahamba Nathi〉——African Children's Choir

璽小語

“

一開始總以為是去幫忙、給予，但

其實最後受益的都是自己。

”

06

撒什麼種 收什麼果

這也不是什麼多難的道理，但卻是最容易忘記的事情：

想要瘦就是要好好吃、好好運動。

想要成為好樂手就是每天勤奮練琴。

「種什麼就收什麼」我很熟悉這個原則，但除了做事之外的事呢？

想要有好的婚姻關係，就要有良好的互動溝通。
想要有真實的友誼，就要敞開心說實話的空間。
想要有自由的人生，我該怎麼努力？

我跟周先生的相處模式屬於比較獨立的，我不需要他常常在我身邊，也不需要他接送我，從交往時就是這樣，我們對彼此都有一定程度的信任與安全感。但是有時候我對他太有安全感就變得踩到他的界線，換句話說就是不夠尊重對方。有好幾次我跟他從不同地方要約碰面，我總是遲到。因為我心裡想：「不管怎麼樣他都一定會等我！」所以我都無法準時結束前一個約會，總是拖到最後一刻才離開。

有一次他問：「你在哪？」

「快了快了，我在付錢要過去了」

周先生聲音一變：「我在家裡處理事情好了，你想去就先自己去吧。」

我就想起來，之前他說：「上一個約會準時結束有這麼難嗎？你沒有跟朋友 Say No，就是對我 Say No，讓我空等！」也不知道他有沒有生氣，但是他一定很沮喪老婆每次都說話不算話。然後，我發現我最常對他這樣，對朋友都不會如此殘忍，我在我們的關係種下一個讓他不信任我的種子，看似小事，但是不信任不都通常從小事開始的嗎？

當然是我改！必須重新種下新的種子，才能長出信任的樹。

因為我的驕傲也好，愛面子也好，不肯示弱都好，都讓我即使知道身邊有好朋友，也愛我，但還是會感到孤單，不是朋友不願意了解我，而是我有沒有選擇信任他們，分享我遇到的難處。有一次跟朋友們在登山的路上，我跟他們分享當時低潮，說完之後我還問他們會不會覺得我很掃興，出來玩還一直講自己的事。他們說：「不會啊，你可以常常跟我們分享，我們很樂意聽。」我的眼眶頓時紅了。

孤獨是自己種的種子，原因可能很多，成長的環境、自我懷疑，或種種原因累積而成。在心受傷時所種的種子，難免帶著或深或淺的傷痕，長出來的東西多少也帶著某些不完整，除非自己願意改變，願意原諒或放手，當我們跨出這步願意原諒自己或別人的決定時，很多事情就會慢慢改變。

在我錄製的 YouTube 節目《可以勇敢》中，Ligi 常常提到這三句話：

「勇敢地去愛，像從來沒有受過傷一樣；
勇敢地去盼望，像從來沒有失望過一樣；
勇敢地去相信，像從來沒有被欺騙過一樣。」

沒有什麼事是容易的，但是當你有一個信念、有希望、可以看到未來，過程就變得有趣多了！所有撒的種子，必定會開成美麗的花。

推薦歌曲：
〈Try Everything〉——Shakira

可以勇敢

“

勇敢地去愛，像從來沒有受過傷一樣；勇敢地去盼望，像從來沒有失望過一樣；勇敢地去相信，像從來沒有被欺騙過一樣。

”

PART

3

好好溝通

歌單

01

友情要像年輪蛋糕

有時候對朋友很抱歉，因為我不是那種聽朋友訴苦也會跟著咒罵的朋友。我怕說出來的話會讓自己後悔，不知道從什麼時候，這方面變得比較理性和小心。

之前有幾次聽到好友受了委屈我也跟著一起罵，但其實我根本不認識那個人，也不知道事情的真偽，只是因為朋友難過受傷，就跟著他同一個鼻孔出氣，但幾次後發現，我自己也沒有辦法跟那個人當朋友，因為腦子裡面有個刻板印象，對方就是我朋友認為的那種人。之後有幾次在工作場合遇到這個人，跟他相處聊天之後發現，天啊！他怎麼跟之前聽到的不太一樣，可能真的是因為認知不同而產生誤會，最後我還成為和事佬，讓他和我的朋友恢復交情。如果我因為當下的情緒或誤會而貼人標籤，那就失去一個交朋友的機會了。

長大之後，發現社交圈真的很小，常常會碰到共同朋友，所以話更是不能亂講。有一些人在我面前批判別人時，我就知道如果他之後看我不順眼，也會在別人面前批評我，我就會跟這樣的朋友保持一點距離。

我的學習是，不是什麼話都可以跟每個人說。如果把交友圈想成有很多層圈圈的年輪蛋糕，中間那圈是我的家人，往外第二圈是我的閨蜜，再外層第三圈可能是好友，再往外一圈有可能是我的同事或同學，以此類推，當然可以把它分得更細，分得更多圈。但我跟每一圈的朋友親密度是不同的，所以我不會把跟第一圈家人的內心話跟第四或第五圈的朋友說，這不僅是保護自己，也知道當我分享內心需要時，有誰會站在鼓勵我、支持我的角度。

如果把跟第一圈朋友說的話跟第四、五圈的人說，他們有可能誤會我的意思，因為他們不像第一圈朋友那般認識我，也就不能期待他們完全明白我的意思。這也是我經歷了被誤會，慢慢練習之後才學會的功課，用眼淚與真心換取來的經驗。

我也喜歡我身邊的朋友是充滿著正能量的人，每天在我身邊不斷抱怨的人，一直聊他的問題的人，我可能會敬而遠之。以前我不懂拒絕別人，也不知道珍惜自己的時間，花很多時間聆聽朋友的負能量，不知不覺也讓我厭倦我的生活。

老實說，其實我自己低沉時很少找朋友求救或抒發，因為不想造成別人的麻煩，但有一次當我心情很不好跟一個朋友碰面，他看到我馬上就給我一個擁抱，我知道他有潔癖，馬上倒退三步說：「我剛剛在外面走很熱，滿身大汗地很濕不要抱我啦！」他說：「很濕還是要抱。」當下我不知所措，但是體會到知道可以向誰袒露自己的不堪或羞愧，而且可以被穩穩接住的安全感。

很珍惜這樣的友情，這些朋友是經過大大小小的探險與事件累積下來的，有笑有淚也有爭執，不是只有玩才能一起。這種朋友知道怎麼在黑洞中陪著你，也知道怎麼挑戰你的極限，讓你往前跨越。

推薦歌曲：〈I'll Be There For You〉——The Rembrandts

#璽小語

“

願意彼此付出，可以一起打怪，好好選擇隊友，讓人生變得好玩又充滿動力。

”

02

退一步，不一定海闊天空

「忍一時風平浪靜，退一步海闊天空。」這是過去的我面對任何事的第一準則。忍耐是我的強項，但忍耐過頭就變成了壓抑；另一方面很多人有話直說，過了頭變成了自我。在這天秤的兩端，該選擇去哪？

忍耐絕對是個好的品格，一定要練習！不然整個人生的抗壓性會太低。但其中的智慧卻是深奧，需要一生來學習這個功課。

遇到事情的第一選擇就是先把自己的感覺往下壓，看看對方需要什麼，而給予對方想要的東西。這種狀況在感情交往當中最為明顯，人家會說你被吃死死的！就是這種意思。友情當中也都是順著別人的意思而走。

這種習慣不是一天造成的，在原生家庭跟家人的互動等等原因，讓我成為一個這樣的人，這個所謂的忍耐，早就變質成為了壓抑。

壓抑久了沒有地方宣洩，可能會反映在很多身體上，有人開始失眠有人開始呼吸不順，有人可能心臟痛、腸胃消化出問題等等，都跟我們的壓抑有關，甚至有些人可能因此得憂鬱症而找不到原因。

從小我以為只要忍耐，痛苦就會離開、爸爸媽媽就不會吵架，因為我表現得很乖，大人就不會生氣。難過也忍耐，傷心也忍耐，生氣也忍耐，委屈也忍耐，最後連快樂也要忍耐。忍耐成為我的朋友，我與它最熟悉。共處久了，當我長大之後遇到衝突，就會有聲音在我耳邊響起：「忍一下就過了。」當我有意見想要表達的時候，聲音再次響起：「不要說，他們會覺得你很怪，忍一下。」漸漸面對很多的事情時失去動力，認為全世界人都不了解我，強烈感受到被壓抑、不被理解和委屈，也逐漸不太喜歡人群，把自己孤立起來。

曾經因為被誤會而在學校走廊被同學破口大罵，我一句話都沒解釋，想說忍下來就沒事了。常常跟朋友約會都是我在等對方，等半小時以上是家常便飯，雖然不開心，但也忍下來想說算了。到了幾年前，實在受不了這種覺得自己很可憐的感覺，又不是我的問題，為什麼是我委屈自己呢？

於是我開始決定要「做自己」，所有的感覺都要講，不想要為別人活，不再壓抑自己，也不想在乎別人的感覺。嘴上開始掛著：「我好累」、「我不想做」、「關我什麼事？」、「自己想辦法」、「我不喜歡這樣」、「我不管我想要這個」。

我開始任性火爆，連周先生都覺得我是不是吃了炸藥？因為不想再委曲求全，因著受傷而叛逆。這樣一陣子之後，發現自己也不開心，感覺也不是做自己，反而傷害到那些原本關心我的人。內心又在交戰，我是否太自私？

有時候想說上帝祢是在跟我開玩笑嗎？但是如果不是自己走過這一趟路，怎麼會成長？在當中的錯亂，如果不是自己看出個所以然，怎麼能夠找到真正的快樂與平衡呢？

忍耐，還是要說這是個智慧，是個好品格，必須要學習。但是在過程當中也需要給自己一個出口，學習表達！一味忍耐不開口溝通，到最後就變成壓抑無感，一定會生病！但同時耳朵也要打開，聽見對方的聲音，再慢慢去溝通找到緩衝區，才不會成為自我中心的人。

「願意」改變才有可能改變。我開始把「我就是這樣的人」從腦子裡刪除。人生有太多可能，想要成為什麼樣的人，決定權在自己手上，除非從自己開始改變，才能看見海闊天空。

推薦歌曲：

〈Love Yourself〉——莫文蔚

#璽小語

“

與人相處就像蹺蹺板，在自己和

他人中間找到一個最舒適的平衡。

”

03

正面表達自己的想要

撰寫這本書的過程，我常到不同的咖啡廳寫稿，花時間發想並寫作，每次在咖啡廳一待就是一個下午。印象深刻有一次我跟周先生一起去咖啡廳，各自做著各自的工作，入座時間為下午兩點多，大概到四點半的時候，我就開始如坐針氈，因為這家餐廳在晚餐的用餐時間規定是兩小時，但是下午時段並沒有這樣的規定。而我坐在那裡超過兩個小時之後，陸陸續續聽到有客人在門口問：「請問有位子嗎？」服務生回答說：「不好意思現在客滿了。」我的焦慮頓時湧上，明明坐在位置上工作，腦子裡卻不斷冒出聲音：「坐超過兩個小時，是否該走了？」、「服務生一定覺得我只點幾樣東西還坐這麼久。」

跟朋友一起逛街的時候，看到朋友手中拿著大大小小的購物袋，也會想說我沒有幫忙拿，她會不會覺得我很自私。正想著：「我應該幫她……我手上又沒東西，不然很尷尬。」就聽到自己開口：「我幫你拿一、兩個好了。」捫心自問，我真的很想幫朋友拿紙袋嗎？沒有！只是因為我覺得「應該」要幫忙。

太容易揣測別人的想法，逐漸擴大成我心裡的擔憂。擔心造成別人的困擾，擔心給別人帶來麻煩，因著這些擔心而產生的對話或行動，因為不是我真正想做的，反而成為更大的壓力。

累積久了，我發現生活當中好多我的決定，都不是因為想要而做的決定，只是照著別人的期待走。時間一久，連自己喜歡什麼、想要什麼的能力都失去了，好多的「應該」取代了我原本的想法或是創意，習慣打著安全牌。

別人想法很重要嗎？那我呢？難道我的感覺不重要嗎？我開始練習，答應別人或做決定之前，先想這是我「應該」要做的，還是「想要」做的。一開始有點難分辨，透過不斷問自己「我想要這樣嗎？」不要勉強自己，慢慢做決定，正面地表達，這也是愛自己的開始。

推薦歌曲：〈A Million Dreams〉——Pink

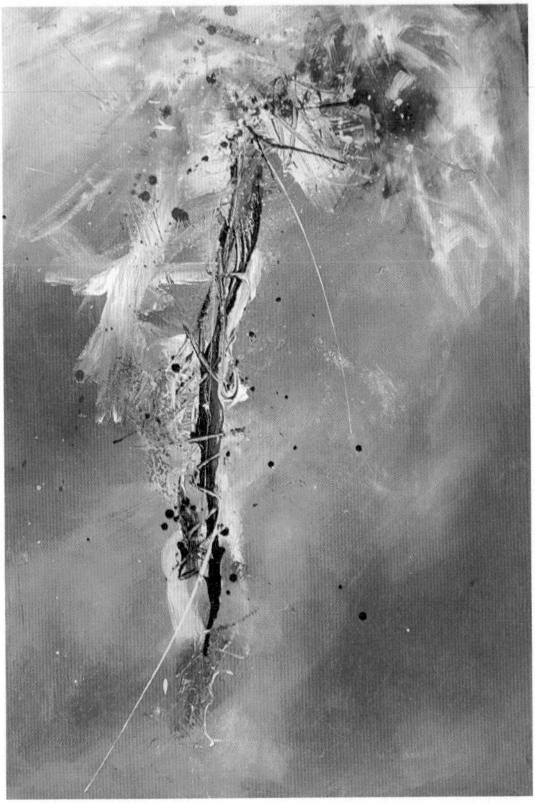

璽小語

“

不用一直遷就別人，否則連生活都變得牽強。

”

04

不去計較公平不公平

「不公平！」

「為什麼哥哥有，我也要有。」

「姐姐去，我也要去。」

最小的姪子最近常嚷嚷著「不公平」、「不公平」。

有一次在餐桌上，哥哥拿了五片肉，姐姐拿了六片肉，他們都很喜歡吃牛排，先把想要吃的都拿到自己盤子上，弟弟一看到，就像比賽似地用最快速度把七、八塊牛排堆放到自己盤子裡。我跟他說：「慢慢拿，慢慢吃，吃完再拿。」他就像反射動作馬上回應我：「為什麼我不行，哥哥姐姐拿這麼多，我也要！」我跟他說你胃這麼小，還吃不下這麼多，慢慢吃，我們都會留給你。他當然沒有聽進去。

諸如此類的事，不管是玩具、食物、甜食，只要哥哥、姐姐有的，他都要一樣多。擁有一個以上孩子的父母，應該常面臨「要公平」這件事情吧！

長大後的我們，有時候也像小姪子一樣，在公司裡面也想要公平；在人際關係裡面也想要被公平對待；為什麼你跟他比較好？那我呢？

有時候我們會被眼睛所見的事情騙了，別人擁有的不代表適合自己，不小心的羨慕而生成嫉妒，不由自主就會想擁有別人所擁有的東西。我發行第一張專輯的時候，也會羨慕很多同期的藝人公司有很多資源；上節目的時候，默默地跟其他藝人、歌手的待遇比較。當我在比較的時候，只覺得自己弱到不行，那時候只有站在自己的角度想，如果公司錢再多一點，可能我的成績再好一點……最後，我抱怨這個圈子根本無法公平競爭。當時沒有說出來，心裡卻如此想。

一直到開始帶領一個樂團之後才發現，「公不公平」這件事本身根本不存在！當我在團隊裡抱持著「消費者心態」時，就只專注在自己身上，除非對我最有利，否則至少大家一樣，才不算吃虧。但當我慢慢轉換身分，用「生產者心態」看待後，我會去尋找可以跟我一起生產的人，把資源放在他身上，因為他會知道如何管理，把資源最大化。

看到我的團員只是消費者心態的時候，我就不可能把一樣的資源也放在他的手上，因為他沒有辦法好好管理我給他的資源。當然我會跟他溝通，也讓他知道為什麼我這樣安排，但是如果他沒有辦法換位思考，也沒有辦法理解他本身限制的時候，所能做的也就只有抱怨了。抱怨主管不公平、抱怨主管偏心，因為就他的感受來說，這就是不公平。

沒想到看見孩子之間的爭吵，讓我有這麼多感觸。有時候他們不知道他們要求的是什麼東西；而以大人的角度在看，有時候沒有給他們，是因為想保護他們。就算想讓小孩學經驗，也不會把他們不能負荷的程度放在他們身上，他們可能會生氣、會哭鬧、會忿忿不平。但期許自己，不要再用這種眼光看自己的生活，就算沒有滿足當下的期望，也不會讓我失去希望。

推薦歌曲：
〈單純〉——張惠妹

璽小語

“

計較而來的東西並不會令你快樂，

只會永遠都不覺得足夠。

”

05

害怕被拒絕
就強大自己的內心

我是一個超級害怕被拒絕的人，害怕的程度就好像是眼前放著一顆充飽氣的氣球，無預期地被針刺破般「砰！」地一聲洩氣，開始懷疑自己存在的價值。

因為太害怕被別人否定，於是產生一種自我保護模式，就算我有想法也不會照實說出，以免發生被拒絕的窘境。記得有一次我跟一位音樂製作人提出合作的想法，他是朋友的朋友，我們興高采烈地聊了一會兒，後來就沒有進一步詳談，我就開始被一連串的自我懷疑迎面攻擊，差點招架不住。那陣子我甚至不想再唱歌，也不要寫歌了，只是不斷自我懷疑：可能是作品不夠好？還是我知名度不夠？是我唱不好嗎？就算逼自己不要這樣想，仍是無力反擊。

有一次，在一場聚會完我止不住地崩潰大哭，我控告自己是很多事情和工作都沒有實現的老鼠屎，好幾年來的挫折感席捲而來。我對上帝大喊為什麼？也追著好友質問自己是不是這麼差？

在聲帶開刀的那段時間，以為不能唱歌，我的世界就要崩塌了，以為末日即將來臨，我再也沒用處，才認知到，如果我把別人的肯定或事情的成就，與自我價值連結在一起，總有一天會崩潰，就像我現在這樣厭世！把自己的價值建立在我所做的事情上，真的是有夠愚蠢，但我不也愚蠢了半輩子嗎？

反向思考當我拒絕別人，是因為對方很爛嗎？不是吧！可能是我的時間無法配合，或者這個專案我沒有興趣，有很多原因，但我不是針對他這個人。我開始在生活中真實面對我的感受，接受自己當下的感覺，關心自己怎麼了？遇到內心鬼打牆時，也會聽聽朋友的想法。

從生活、夢想、工作到感情，這個信念是一致的，被拒絕而否定自己的害怕，蔓延在生命的每個層面，想要擺脫它的毒害，就是不斷強大自己的核心——你如何看待自己？有人藉著自我充實，有人倚靠信仰，有人的家庭就是強大的後盾，不管用什麼樣的方式來認識自己，都要相信，在這世界上我們是有價值的，就算不做任何事情，生命本身就是珍貴的，就算被拒絕，還是要好好生活下去。

推薦歌曲：〈You Say〉——Lauren Daigle

璽小語

“

被拒絕不代表你不夠好，只是有些事情早就被安排好。

”

06

標籤雖便利卻不真實

通常從社群媒體或是沒那麼認識我的人，都會跟說：「感覺你是一個沒有煩惱的人。」但這本書中大部分我寫下的，是大家看到我正面陽光的背後，許多掙扎與成長的故事。

在學校、在剛出社會的時候，當聽到這些話都覺得好像是真的，在還不夠認識自己的狀況下，別人的標籤也會成為你是誰的依據。大部分的人都這樣說，你就也不得不懷疑自己是這樣的人。

「璽恩，你脾氣很好。」這句話聽起來還不錯，我ＥＱ的確算高，但是這個看起來好的標籤，也讓我揹得好辛苦，好像就得成為這樣的人。所以我不能發脾氣、不能不耐煩、不能有太多的情緒……不然這句讚美好似就不成立了。原本以為所謂的標籤只有負面，沒想到別人的稱讚，有一天也成為我的框架？

沒有人喜歡被貼標籤，但其實在每天跟朋友的談話當中，很不小心就會拿起標籤往別人的身上貼。有一位同事工作常遲到早退，一開始還能忍耐，但久了之後覺得他就是一個愛遲到的人，而且喜歡提早離開，大家在收東西的時候他都不在。

一開始還能忍耐，後來我也給他貼標籤：「不負責任」、「不合群」，對他開始不耐煩。直到有一次我決定去問他為什麼每次都晚到，才發現他背負著經濟壓力，工作前有一份打工，結束的時候趕過來都會小小遲到，自己也覺得很抱歉。跟他聊完之後，所有的標籤都自動撕掉了，他不是不負責任，而是要扛起生活費，因為抱歉而選擇什麼都不講，默默承受別人的異樣眼光。

眼睛所見的事情、他人行為的背後，一定事出有因，這是我堅信的事情！我發現當我開始這樣子相信的時候，就比較少在對話或想法中貼別人標籤了。我有時也在想，我們一直講某個人是哪種人的時候，他們是不是也會漸漸成為那種我們口中所說的人呢？

我期許自己不要成為一個冷漠的人，如果還有力氣，就多認識一點身邊的人。會貼標籤就是因為不了解，用一個最快、最方便的方法形容對方的表面。

人如果不主動互相認識，把彼此困在標籤的高牆裡，你看不到真實的我，我也看不到真正的你，以為這樣子才有安全感，殊不知最後會連自己原本的樣子都忘記了。

把想要貼對方標籤的形容詞，轉化成一句話來形容他，比如原本認為「他是個動作慢的人」，變成「因為他總是看到很多事情細節，思考周密，所以比較慢做決定」，就會發現他和你所想的截然不同！

推薦歌曲：〈Reflection〉——Christina Aguilera

璽小語

“

多一點相處，多一點了解。不要讓標籤隔閡彼此，才能展現自己真實的色彩。

”

07

在感情中學習到最寶貴的事

轉身離開永遠是最容易的選擇，這也是我習慣許久的逃避方式，面對衝突我也是選擇轉身。

跟周先生交往之初，我正在新加坡念書，遠距離交往本來就要花更多時間溝通，但偏偏我又是一個逃避衝突的人，他常常在電話那端被我激怒。本來以為遠距離，只要掛斷電話，就可以當作什麼事情都沒發生，萬萬沒想到他是一個事情沒講完不會掛電話的溝通魔人。

通常我們各自忙完已經接近半夜，那也是開始講電話的時間。有幾次吵架我僵持著不開口，一度抱著電話睡著，醒來後發現他還在電話那一頭等我回答，都已經凌晨三、四點，完全沒有要放過我的意思！以前的招數，像是徹底沉默安靜，沒用！裝傻、聽不懂沒用！假道歉、示弱，沒用……用盡所有招數，電話還是掛不了，一轉眼就到早上六點，我們在低氣壓中看著太陽升起。

說實話，交往的時候，我好幾度想要放棄，想說這個人怎麼這麼煩，每次遇到衝突都講這麼久，可以下次再講嗎？一定要講清楚嗎？光想到未來就害怕，結婚後會不會根本不用睡覺了！想逃，另方面也是因為內心小劇場不斷上演自己多差勁的戲碼。

明明想要維持關係但又害怕溝通，這樣的矛盾在我心裡來回拉扯。每次冷戰的五、六個小時之間，其實我也有滿滿的話想說，我想理直氣壯地表達，但在吵架當下卻一個字都說不出來，因為極大的害怕和恐懼把話塞回我的嘴巴，深怕說錯一句話，這個關係就沒了。

殊不知，他主動提的一項約定，讓我不再戰戰兢兢害怕吵架、說錯話，就毀了這段感情。交往沒多久，周先生跟我說，不管我們吵得多兇，都不要提分手或離婚，把這兩個詞彙從我們人生字典當中刪除。

他提議這件事情的時候，並沒有在吵架，答應好像沒有很難。而我對約定這件事情很看重，一旦答應了，就會盡力達成。後來我仍會在爭吵過程中浮現分手的念頭，但這個約定幫助我相信，當我表達赤裸的感覺與想法時，他仍然會站在我身邊，不會因此離開或厭倦我。

仍有一次吵架，我又不小心脫口而出：「不然就分開呀！」這次是忍了很久才說的。結果他異常地冷靜，認真看著我，然後他說：「你真的要分手嗎？」看他認真起來，反而讓我卻步。當下我停了幾秒，在那幾秒中我的大腦快速分析，現在這個人是講真的嗎？分開會怎樣？如果不分開會怎樣？他問這個是在試探我嗎？一堆的問題同時在我的腦子裡打轉。但是最後我問了自己最關鍵的問題：我想要跟這個人在一起嗎？如果想的話，現在唯一該做的事就是道歉，為了我說出分手這句話而道歉。

我遲疑了一下，說：「沒有。對不起，我說了分手兩個字。」

漸漸地，吵架好像沒有想像中的可怕，只要好好溝通，讓對方理解我真正的想法，也去聆聽對方的感受，我想重點就是慢慢來不要急吧。衝動之下所說的話是要付代價的，既然沒有想要分開，那我的嘴巴就應該冷靜一點，不要讓我的口跑在我的心前面，不要讓情緒的聲音掩蓋過相愛的原因。

謝謝周先生的耐心，這十幾年的時間過去，我終於覺得往前跨了一大步！你的耐心影響了我，讓我對自己也不會再如此著急，好好吵架，好好溝通，每一次都讓我們更認識彼此，我想應該從這輩子一直到我們去天堂，我們都有溝通不完的事吧，至少我不會再選擇沉默，我會好好地跟你聊天，一直跟你溝通下去。

推薦歌曲：〈Love is Power〉——璽恩

#璽小語

“

改變，是因著我愛你，我願意為你而改變自己。

”

PART

4

好好冒險

歌單

01

需要的勇氣呢？

人生根本沒有地圖！我們以為的地圖，說穿了都是參考人生勝利組而來的：二十歲時考取某所大學，三十歲準備結婚，四十歲事業有成。到底是誰規定在某個年紀一定要做到某些事情？別人的成功模式不代表是我的模式，但是因為這世界對於成功的定義，讓我們不知不覺也走上了這一百〇一條路。

在二〇〇七年發行第一張專輯《璽出望外》後，只有再發行一張單曲，往後的十年並不是以個人作品的形式發行。以一個歌手來說，真的很失敗，加上歌迷朋友不時關心：「什麼時候再出專輯？」更是極大的壓力。我還是一直在唱，只是現在的音樂型態跟以前完全不同，我加入超過二十年的約書亞樂團，沒有停止創作和發行過。但是對於自己的失望是來自於自己訂的目標及要求沒有完成，對我來說那是成功的歌手的定義。身旁的朋友都說我真是神經病，因為他們完全不是這樣看我，甚至一路以來聽我唱歌、喜歡我音樂的朋友們，也沒有這樣看待我。到底我怎麼了？

我只想要開心地做音樂，唱喜歡的歌，表達我的心情，不論是我的信仰、我的愛情、我的喜怒哀樂，都能透過我的聲音傳遞出去。

那我現在不是都在做這些事嗎？

對呀，我其實就已經在做夢想中的事了，那我還在擔心什麼？

我怕老……

天啊！我說出來了，對！就是怕老，好多事我都擠在現在做，是因為我怕以後沒機會。但，這又是誰說的？以後沒機會？四、五十歲不能出專輯嗎？當初給自己的目標不是唱到八十歲嗎？怎麼自打嘴巴了呢？

有一位牧師在我三十歲時，跟我分享了一個故事，因為當時的我要進入三字頭，焦慮自己一事無成，時間不夠用。他心平氣和地對我說：「我們的人生就像是彩虹，嬰兒時期是紅色，兒童時期是橙色，青少年時期加上黃色，出社會變綠色，之後因為年紀增長，而不同的身分累積不同經驗，把這些不同的色彩也加到我們的人生中。我們的生命只會越來越美，時間不是來打擊我們的，是來幫助我們越來越成熟美麗的。」這段話我永遠記得，也常常翻出來提醒自己。

如果我因為遺憾或是盯著想完成卻未完成的事，我就無法活在當下，記得此刻的美好，就像是在《靈魂急轉彎》（*Soul*）中女伶說的比喻：

有一天，小魚問一隻老魚：「海洋在哪裡？我要去找它！」
老魚：「海洋？你就在海洋當中了啊！」
小魚：「不！這不是海洋！這是水！」

Photo by Lupo Wang

老魚：「我們一直都在其中，沒有離開。」

是啊，我從來沒有離開過我的夢想，只是我的夢想並不是世界對於一位歌手所劃定的道路，而且需要更有勇氣去走。對於年紀，我現在百分之九十五也不太會焦慮了，有時候還會因為身上的顏色比別人多了幾道而自豪，那都是挫折、失敗、更認識自己而換來的。

現在的我，做好當下的每件事，享受在其中，就算是工作也要想辦法找樂子！還是有目標要實現，依舊有夢想要不斷追尋，但此刻，我想跟著自己的步調走。

推薦歌曲：
〈完美時刻〉——約書亞樂團 feat. 璽恩

#蟹小語

“

不需要拷貝別人，時間更不是敵人，它會幫助我們在對的時刻成就對的事情！

”

02

需要原諒自己

前陣子我的心情烏雲籠罩，因為猶豫不決而讓一個看起來很好的機會從手中溜走了。我想要申請一個補助案，但只是想而沒有執行，申請截止日期一過，我馬上深深懊悔自責，為什麼想這麼多可是一個行動都沒有？為什麼不敢放手一搏？為什麼不抓住機會？為什麼連試都沒試？這些自問自答把我不斷地往下壓到喘不過氣。

早上起床沒精神，很多工作卻一點都不想做，自暴自棄、沮喪、挫折、無力感、懊悔……種種負面情緒一波又一波地淹沒我。「小心翼翼」說起來好聽，也是我裹足不前的理由，我受夠了長久以來這樣的自己，這只是使我崩潰的最後一根稻草。這兩週雖然做著該做的事情，但似乎只剩下一個空殼，對很多事情都沒有感覺。爆吃、爆喝……就這樣擺爛了好幾天，最終還是得想辦法發洩這些情緒。

找到被一堆東西淹沒的琴，因為沒開電腦 Logic 它發不出聲音，清空後我的手指在琴鍵上瘋狂舞動著，想像自己是爵士大師，耳朵聽見自己想像出來的聲音，手指頭只是隨意亂彈，不過，還是要回到現實。

我開電腦叫出檔案，在 Logic 軟體裡選了一個自己喜歡的音色，以幾個和弦進行，口中流溢出「I miss you, I miss you」。即興歌唱很容易就唱出當下的心情，反覆唱幾次之後，發現這是在對我自己唱的歌。

我開始想念那個開心的自己，想念真心大笑的自己，想念有想像力恣意創作的自己。一邊唱的時候，也一邊在想著平常的自己、工作的自己、放空的自己、追逐著夢想的自己。我想，我需要一個重新愛上自己的理由，因為陷在自責裡，我不喜歡當下的自己。

眼睛閉起來，彷佛唱情歌給自己聽，就像告白一樣莫名地害羞起來，不過，臉皮厚一點也無妨，不應該好好愛自己嗎？從想念自己的優點開始，因為不常做這件事，起初有點困難，我想著我的笑容、我的貼心、我的衝勁……細數著自己的優點，感覺我可以漸漸重新愛上自己。

對自己生氣也夠久了，今天似乎是個整理心情重新出發的時刻，試著繼續相信自己，雖然有時候會做錯決定，但告訴自己，我仍舊還是值得被愛的，值得好好被自己疼愛。

推薦歌曲：
〈I Smile〉——Kirk Franklin

#璽小語

“

難免會對自己生氣，發洩完仍要記得自己的好，慢慢細數，再慢慢愛上自己。

”

03

需要專心

我最大的優點就是對很多事情充滿好奇心，每件事都想做，斜槓了好多職業。但有時候會突然間不知道自己在忙什麼，做事變得好沒效率，這個優點也是我的弱點。

通常會分心都是因為那件事自己比較沒有把握或是還沒有想法，如果我在家，就會去做點別的事情，例如洗碗、澆花、洗衣服，平常都沒有這麼勤勞，但是只要在工作上不知所措，我家就會變得超級乾淨。

有一次當我早上起床後坐在書桌前準備寫作，但是腦筋一片空白，於是我就在家裡走來走去、晃來晃去。這個時候周先生要我跟他一起修理空氣清淨機，我情緒突然失控就對他發脾氣，我問他：「一定要現在嗎？」他看苗頭不對就說：「不然我晚上回來再用好了。」可能他只是很單純地回答我，但因為我情緒高漲，聽起來變成「你不幫我就算了，我晚上回來自己用」，更加生氣。

但錯不在他，還是幫他一起弄完空氣清淨機，之後我還是沒有什麼心情寫作，就卯起來把我的書房大風吹，把左邊的東西搬到右邊，右邊的東西搬到左邊。這個情緒是自己給自己的壓力，還波及別人，無法專心讓我產生極大焦慮。

那個週末，我剛好放假沒事，本來計畫要在家裡寫作，但後來我告訴自己算了，乾脆去外面走走放假好了，總比在家裡什麼東西都生不出來好。於是去外面走了一趟，聽聽音樂，換個環境把心裡面的灰塵清出去。

不快樂的時候就不會有創意，如果我沒有放鬆去吸收新知，也不會有靈感，我很自然哼出旋律的時候，通常都是在放鬆開心的狀態。

沒有靈感自然而然就沒有辦法專心，雖然還是容易分心，到現在還是我的弱項，只是我慢慢地了解，處於壓力下可以讓自己放鬆的方式。

就算是分了心，還是可以鼓勵自己重新再來過。讓這專心變成是自願而不是被逼的，在這個狀況之下通常都會事半功倍，成就感滿滿。

推薦歌曲：
〈Don't Worry Be Happy〉——Bobby McFerrin

璽小語

“

如果你同時做兩件事情，覺得自己快要消耗殆盡了。那麼，去做第三件事情吧！

”

04

需要有彈性

希望我的彈性可以從二〇二〇年延續到二〇二一年。

去年是充滿未知的起始，被大環境逼著得在生活各層面上改變，在這種時刻，每個人的優先次序、經濟狀況、家庭生活都受到挑戰。

通常在年底時，我會立定一個對未來一年的期許，並取一個標題，我為二〇二〇年命名叫做「Walk outside of map」（走在地圖外面）。因為我太想要試著掌握一些事情，而這一種想要控制的心態讓我很焦慮，所以想用一年試圖讓自己擺脫完美主義的束縛。殊不知才年初，COVID-19就打亂了所有的計畫，籌備許久的畫室才剛開幕三個月，就立即被震撼教育學習做危機處理，從防疫措施乃至課程人數，都得做一些調整。

這本書的寫作過程，有四分之三在我的低潮期，就好像是明明走在地圖外，還是迷路的感覺，不斷地繞回到原點，到最後也沒有力氣找路了。在沒有辦法掌控的失望下，我好像掉進了一個兔子洞，掛在邊緣，試著鞭策自己爬上去，卻完全沒有動力。

這樣子的狀態將近三個月，我無法運動，也不太想要跟人接觸，把自己孤立起來，我很討厭這樣的自己。以前對自己說難過只能三天，第四天就要試著站起來，但這一次，我的低潮好像無期限。

有一天晚上，我睡前跟往常一樣放空滑著手機，突然看到一位我很喜歡的黑人歌手，不聽還好，一聽不得了，有這麼巧的事情嗎？歌詞唱到：「Perfection could never earn it / You give what we don't deserve and / You take the broken things / And raise them to glory.」第一句話就揪住了我的心。

那幾天我不斷重播這首歌。我努力要控制一切，甚至還要控制自己不要沮喪太久，我把自己當作神了，殊不知我不是神，還有上天在呢。

我很喜歡的聖經上說：「不要為明天憂慮，因為明天自有明天的憂慮，一天的難處一天當就夠了。」這句話飄進腦海，我心中的捆鎖好像瞬間鬆開了一樣，喘了一口大氣，終於可以好好呼吸。

就像旅行一樣，走錯路會怎樣？沒有照著計畫走會怎樣？允許自己失敗、重來，偶爾換條路欣賞不一樣的風景，這本來不就是我最喜歡做的事嗎？保持彈性或許會為生活帶來更多的驚喜。

推薦歌曲：〈Champion〉—— Dante Bowe

璽小語

“

未來總是擔心不完，你能把握的只有現在。

”

05

需要有目標

一直到現在，有個志向不曾改變，就是我想要唱歌唱到八十歲。在表演的路上我總是用盡全力，即使不舒服，一站在台上還是不自主地唱到極限。在二〇一四年夏天的一場演出傷了聲帶，這是從來沒有發生過的事情。

當下情況還好，但後來因為沒有好好休息，導致聲帶出血，連說話都很沙啞。我知道需要休息，但一陣子後又得上台表演，反反覆覆，每次快要好又被我弄得更嚴重。二〇一五年的過年期間因為已經接了很多工作，我祈禱奇蹟可以發生在我身上，結果沒想到之前出血的地方，在短時間內瘀血完全消失，又可以開始正常地唱歌。我無法形容發生如此神蹟，我多麼地興奮。

接下來的一個月，我像什麼事都沒發生一樣地生活，也恢復到以前不經大腦地使用我的聲音，揮霍地大喊大唱。大概到五月，再度接到噩耗，聲帶再一次出血，我很自責，就好像中樂透卻不會長期管理財富的人，我沒有持守住這份奇蹟。

這次比上次嚴重，但是我的工作已經排到了八、九月，無法休息同時內心的自責已經爆表，我每天都責怪自己是我害自己變成這樣的，內心覺得生不如死，也不能拿出好的表現。壓倒我的最後一根稻草就是醫生說這次光靠吃藥和休息不會有太大的進步，必須得開刀，但手術後，聲音也不一定會恢復到以前的水準。

我每天以淚洗面，更加怨天尤人，心裡有一個極大的害怕跟恐懼，就是我即將要失去我的聲音，如果不能唱歌了怎麼辦？沒在開玩笑，對我來講真的像世界末日！

有一天，我又掉進埋怨自責的黑洞時，心裡突然一個聲音說：「你為什麼覺得這一生只能唱歌？而且你的價值跟你不能唱歌，根本不是等號。就算你不唱歌身邊還是有很多人愛你。不當歌手你還有很多事情可以做啊！你可以畫畫，可以跳舞，也可以拍照，你還有很多你想做的事，歌唱只是其中一件事情而已。」

直到有一天我嚎啕大哭，心裡面最大的恐懼是，如果有一天我再也不唱歌，身邊的人會不會不愛我、不支持我了？他們對待我會跟以前一樣嗎？

原來，我的存在感和價值感，是建立在唱歌唱得好這件事情上，也建立在別人看我表現得如何、是一個怎麼樣的人上。所以當我不能唱歌時，我存在的價值一夕之間被摧毀。

哭完後稍微撥雲見日，發現其實可以做的事還有很多啊……那天之後，我把放了很久的畫筆重新拿出來，在家裡把音樂開最大聲開始隨興跳舞，拿著相機出門捕捉習以為常的風景。那一週我的心情恢復很多，好像緊抓著的害怕，被釋放了。

幸虧我的心態有了一百八十度的轉變，開刀前的最後一趟表演是去北韓做音樂交流，雖然聲音狀況仍不好，但我的心情是好的，而且非常享受這趟特別的旅程，成為最深刻的一次表演。

九月回來開完刀，過著一段噤聲比手畫腳的日子。如果沒有前段時間的領悟，這樣的日子應該會非常悲慘，但因爲重新調整了眼光，開刀後能更活在當下。我還是決心要唱到八十歲，在休息的日子不能練歌就鍛鍊自己的心智，我體會到，安靜的力量很大。

因為必須噤聲反而學會了聆聽，以前可能會急忙想要反駁、插話，或

是想要給與意見，現在開始聽見身邊的人想要說什麼，或是為什麼說這句話，養成慢慢聽、慢慢說的習慣。

最後一次回診，醫生說我的聲帶復原得很漂亮，沒有疤痕。除了謝謝醫生的技術之外，感謝上帝又給我一次機會。在聲音休息的期間，已經忘記以前用壞習慣歌唱時會使用到的肌肉群，間接地改掉很多壞習慣，同時訓練著健康的唱歌方法。之後有幾次演出和錄音，許多人說我現在唱歌比以前更有生命力。當下看似一場災難，後來都變成化了妝的祝福。

推薦歌曲：〈Thank You For Your Love〉——璽恩

璽小語

“

可以自由歌唱的感覺真好，你們也
要當我的聽眾到八十歲唷！

”

06

生活本身就是場冒險

我講話邏輯跟別人不一樣，不知道是跳躍性思考還是缺少邏輯，以前我對說話很自卑。每一次有上台說話的機會時，我前一個晚上絕對無法好好睡覺，擔心自己的講稿不完整，或者不擅長講出好故事等等，別人總是無法理解，我常在舞台上唱歌，幾萬人的舞台也都挑戰過了，只不過說個話，有這麼困難嗎？

二〇一七年夏天，我接到廖偉凡大哥的電話，他開頭就跟我講原住民的電台、活動等等，我以為他想要找我去唱歌，做活動或開幕儀式，結果他竟然要我去當廣播節目的主持人！當下我真的說不出話。我請他給我一個禮拜的時間好好思考，那一個星期感覺好漫長，我問了所有身邊的人該不該接這份工作，也評估了自己的能力，結論是我真的沒有這個能力，但是卻非常願意學習，在無知的勇氣中答應了廖哥。

第一年主持的《聽見快樂》是一個帶狀節目，星期一到星期五每天不間斷地播出，身為一個菜鳥廣播主持人，加上存檔，第一個月就要錄二十集，每一次進錄音室就是錄六至八集的量，至少需要八個小時。

前三個月簡直就是震撼教育，我的腦容量從來沒有如此被開發過，新的突觸一瞬間全長出來，但也到達了一種極限。記得有一次要離開錄音室的時候，我看著門發呆，已經分不出來「推」和「拉」是什麼意思？前三個月這種狀況時常發生。

還好我有好多前輩們幫忙，我的製作人蔡以琳老師在第一年跟著我一起燒腦奔波，很有耐心地教我，使我事半功倍，有好的基礎，連算破口時間都亂七八糟的我，竟然可以很準時地做完每次的節目。黃介文老師給我很多靈感，教我怎麼分類，也讓我延續「快樂是什麼？」我也才發現，小時候晚上偷偷聽的廣播節目就是介文姐主持的節目！世界也太小。咖啡貓在內容企劃與想法上也不斷激勵我，回想起來這些都是廣播金鐘獎的貴人在身邊幫助我，我真的很幸運。

第一年，我最緊張的一次就是訪問陳凱倫，還沒有開始訪問我就已經在旁邊發抖，沒想到竟然是凱倫哥叫我不要緊張，當我急於照著訪綱把問題問完，凱倫哥直接提醒我：「璽恩，你剛剛問我的問題我還沒有回答完，所以你不要急著問下一個問題，你應該要聽我的回答，然後順著回答再問我問題，把訪綱暫時丟掉。」他是在現場錄音的當下說的，但是我一點也不覺得尷尬或被冒犯，我超級感謝凱倫哥在那次錄音教我的事，「要好好聆聽才能夠問對問題！」有被打通任督二脈的感覺。

這幾位前輩們在我冒險的路途上時常幫助我，這也讓我不斷保持彈性與謙卑。在電台當主持人三年，今年告一個段落，現在人生冒險的旅程走到了作家的角色，基本上我也從沒想過這件事情，應該說，跟我想像中的不太一樣。人生的每一天都是一場冒險，有好多人參與在我的旅程中，縱使有未知，但更多的是興奮。

推薦歌曲：〈Never Say Never〉——Justin Bieber

璽小語

“

想要冒險的人，跟著我一起吧，從小事開始，大事就會跟著來了。

”

07

不要停止冒險

既然這個世界如此不可捉摸，我們也就不需要害怕做不一樣的嘗試！如何能夠自由？我們能夠出國飛來飛去就能感受到自由？對我來說，自由就是「有力量去做想做的選擇」。很多人因著叛逆，因為反對而去做決定，但是都有可能因為時間的流逝，或者是其他因素而後悔。我用「力量」這詞而不是「能力」，因為真正的自由是從內而外，跟做得到或做不到沒有直接的關係。追求外在的自由，很快又會成為追求下一個自由的限制；一直追求自由，最後卻發現怎麼都追趕不上它。

這麼說不代表我已經是個自由的人了，在這條路上我也跌跌撞撞的，整本書都是我的經歷，都是我的學習，我成為現在這樣的人，是因為每一次當我面對必須面對的人生功課時努力不逃開。我必須老實說，一點都不舒服，常常是很痛苦的！我想這也就是冒險吧！冒險已經不只是去做極限運動而已，倘若我可以面對生命當中不同的挑戰，並懷抱願意改變的心，這就會變成力量，變成信念。

在每次的分手中學到了什麼？
被主管釘的時候學到了什麼？
當我失敗時學到了什麼？
跟朋友起衝突時我學會了什麼？
我怎麼了？

不要只是找對方的問題。沒錯！對方也需要改變，但那是他的事，如果我也需要改變，那會是什麼？

這就是最大的冒險！

完成一次高空彈跳或衝浪會帶來自由感，是因為完勝了一件任務，帶來征服挑戰與恐懼感的成就感。人生亦是如此，當我們跨越生命當中的重重困難，這些經歷會在我們生命當中累積那份自由。所以不要害怕低潮，因為當再一次站起來時，你一定會比之前更強壯！

活在當下，不要因為過去而悔恨，也不要對未知懼怕困惑，對現在的狀況就好好地去感受，看看身邊的人事物，用眼睛、鼻子、耳朵去細細觀察所處的環境。把當下的小事，覺得微不足道的事情做好，我想，偉大的事、夢想中的事也會迎面而來。

常常提醒自己回轉像小孩一樣，讓心單純地很簡單，拿下長大過程中被貼上的標籤，不需要人告訴我應該成為什麼樣的人，只需要好好地當我自己，這世界沒有第二個我。

好好地活出自己就已經是最棒、最美的版本。那份自由比我們想像的大太多了，我們都一樣在面對未知中努力地生活著，但要怎麼過生活的選擇權在我們手上，我選擇繼續相信，繼續盼望，而你呢？

推薦歌曲：〈Wild Horses〉——Natasha Bedingfield

璽小語

“

不需要任何人告訴你要成為什麼樣的人，只需要好好地當你自己，這世界沒有第二個你。

”

你就好好當你自己 / 璽恩；-- 初版 . -- 臺北市：時報文化出版企業股份有限公司，2021.06
224 面；14.8×21 公分 . --（人生顧問；423）
ISBN 978-957-13-9139-7（平裝） 1. 自我肯定 2. 自我實現 3. 生活指導

177.2 110009464

ISBN 978-957-13-9139-7
Printed in Taiwan

CF00423

你就好好當你自己

作者—璽恩｜編輯總監—蘇清霖｜特約編輯—黃筱涵｜封面設計—張巖｜內頁排版—藍天圖物宣字社｜企劃－張瑋之｜董事長—趙政岷｜出版者—時報文化出版企業股份有限公司 一一〇八〇一九台北市和平西路三段二四〇號四樓 發行專線—（〇二）二三〇六—六八四二 讀者服務專線—〇八〇〇—二三一—七〇五、（〇二）二三〇四—七一〇三 讀者服務傳真—（〇二）二三〇四—六八五八 郵撥—一九三四四七二四時報文化出版公司 信箱—一〇八九九台北華江橋郵局第九九信箱 時報悅讀網—http://www.readingtimes.com.tw 電子郵件信箱—new@readingtimes.com.tw｜法律顧問—理律法律事務所 陳長文律師、李念祖律師｜印刷—和楹印刷有限公司｜初版一刷—二〇二一年六月二十五日｜初版六刷—二〇二一年八月三十日｜定價—新台幣三五〇元｜（缺頁或破損的書，請寄回更換）

時報文化出版公司成立於一九七五年，並於一九九九年股票上櫃公開發行，於二〇〇八年脫離中時集團非屬旺中，以「尊重智慧與創意的文化事業」為信念。